大好文化

自療書

人生最重要的事，就是完成自己的成長

楊依靜——著

推薦序

讀懂自己

陳學聖
前立法委員

年少時，讀過徐靜寫的一本《精神醫學》，就開始被心理解析深深吸引，後來陸續修過政治心理學、社會心理學，雖不算完整的學習，但重要的是，在不知不覺中，學會了觀察。

不只是觀察別人，而是學會了觀察自己。

你會發現原來心理學並沒有那麼枯燥、艱難，它是一堂、一生、活的課程。

和人互動也是，你在傾聽，你在敘說，你在閃躲，你在關閉，都是心理學的範疇，這是真實的人生。

只要你存在的一天，你就會與它產生關聯。

但這一切，仍是從觀察自己、讀懂自己開始。

就像我和依靜認識許久，我們見面次數寥寥可數，可是任何時刻只要接上線，立刻宛如天天相聚的老友般，直抵內心。

為什麼？

因為我們平日有內觀自己的習慣，所以我們很快就能了解到對方。聽起來很玄，但這不是神通，這是心理學的實用。

這本書《自療書：人生最重要的事，就是完成自己的成長》，以「金句」的風格呈現，每段文字，都是她真實走過的路，有自己的生命體悟，和閱歷人生的深刻觀察，搭上依靜優美的文字，容易讓人一讀上癮。

但請不要因好讀，就快快、刷刷翻過，生命每章的翻頁是有如千斤之重的，就讓我們慢慢咀嚼書中每一字、每一句，闔頁想想。

你漸漸會愛上這種節奏，因為你正在讀懂自己！

推薦序

像詩一般的自療書

陳妙芬
臺灣大學法律學院副教授

多年以來，依靜老師帶了許多工作坊，學生無數，其中包括受我之邀來臺大開課。二〇一四年春季，我在臺灣大學性別學程與法律系開的「酷兒研究專題」課程，邀請了兩位校外講師合作，依靜就是其中一位，她把完形心理學跟實作帶到課堂，在性別和酷兒研究，當時這是一個創舉，記得上課人數滿堂，隔壁班老師走過甚感驚訝，還詢問我這是什麼課，竟然可以吸引這麼多學生出席。

心理學對認識自我或改善與他人的關係，雖然很重要，但如果偏重理論介紹，就難以兼顧實用性。依靜強調實用的心理治療，這本書《自療書：人生最重要的事情，是完成自己的成長》就是一個實例，沒有理論的負荷，閱讀起來可以輕鬆入門。

如果細讀，還可發現她引述了多位心理學家與文學家的名言，例如著名的個體心理學家阿德勒（Alfred Adler）的「幸運的人一生都被童年所治療，不幸的人一生都在治療童年。」；精神分析學家榮格（Carl Jung）的「與其做一個好人，我寧願成為一個完整的人」；正向心理學家賽里格曼（Martin E. P. Seligman）的「假如你想快樂一小時，就去睡個午覺，假如你想快樂一輩子，就去助人」；還引了文學家莫泊桑的「有時我發現自己咬著牙走了很長的路」；以及詩人泰戈爾的「在日子結束之時，你會看到我的疤痕，曉得我愛過、傷過，也終於療癒」。

對專業的法官、律師或是一般人，很少接觸心理知識，我覺得非常可惜，因為心理學是了解人性的大學問，心理健康也是每個人追求的終極目標。

我長期埋首法哲學的專業領域，有機會讀到這本像詩一般的自療書，真是一種幸福，在依靜的文字裡，心理學、心理治療都這麼引人入勝，誠懇向你推薦這本人生非讀不可的好書。

推薦序

精采奇女子

馬蕙蘭
遠哲科學基金會執行長

我認識依靜十多年，那時我是婦女新知理事長，邀請她來帶成長團體，為期十二次。第一眼看到她，就覺得她長得美麗脫俗，長髮飄逸，可是她上起課來卻非常的知性專業，她也能給出每個學員需要的同理與支持。所以大家都很喜歡她，稱她是仙女老師，指的不只是她的形象，也是她有一種穩定人心的力量。

因為這樣的機緣，我們成為好朋友，後來我到遠哲科學教育基金會擔任執行長，我們一直保有聯繫。我也是她臉書的忠實粉絲，每天看她的文章，覺得她真能寫、真會寫。

後來發現她不僅是心理工作者，不僅是寫作高手，更是多才多藝的奇女子。她成立的「阿含生命傳記劇場」，是臺灣第一個戲劇治療劇場，將自我探索、傷痕療癒結合表演藝術。她一人身兼製作、導演、編劇、演員、舞者和音樂設計，屬於全才型的人，我特別要提的是她跳的舞非常動人，充滿感情。她的每齣戲幾乎都是真實故事，來自她自己與學生們的人生經歷，她說這是用舞台寫傳記。

很榮幸受邀寫推薦序，整本書《自療書：人生最重要的事，就是完成自己的成長》的風格宛若詩的語言，簡潔俐落，有時精闢、有時幽默，有時溫暖、有時一針見血，讓人逃無可逃。坦白說我很快看完，因為好看，真好看！讓人欲罷不能。但我又讀了第二遍，並劃了重點。

這本書很適合十八歲到八十歲的人來讀，你都能在書中找到你最需要的金玉良言，有助於我們對生命的反思，也有助於自我的蛻變，不渾噩度日，不虛度此生，就如同依靜在本書「前言」說的，希望帶給讀者溫暖、智慧與力量。

期待依靜再接再厲，除了教學、表演之外，繼續寫書，造福眾生。聽聞她已在構思下本書，這真是一個好消息！她確實是一個創作力豐盛、跨領域的奇女子！

推薦序

引路人

王品惇
清華大學心理諮商學系兼任講師

在北歐，有個迷人的神話角色叫「引路人」。傳說中，她會引領著徬徨失措的人們，突破迷障，到達幸福的彼岸。在我心目中，依靜就是個一直默默在扮演「引路人」角色的助人工作者。

她成立「點一盞燈協會」，給予需要幫助的人急難救助；她廣開成長課程，讓沒有相關背景的人也可以因接觸心理學而得到啟發；她還扮演著急公好義、路見不平的俠女一角，連醉漢鬧事欺負路人，她都可以義正詞嚴的制止，然後轉頭上演著他追我跑的戲碼（醉漢追著依靜跑）。

這些事，都只是日常。

最讓我驚訝的，是她面對疑難雜症的「解題能力」，因我以朋友的身份上過她的課，親眼看見她的功力。

心理學有許多派別，各自擁戴不同的學說，對問題切入的角度也很不一樣。博學多聞的依靜，不僅融會了各學派的精隨，還加入她多年對身心靈課題的學習。她會針對不同人、不同的議題提出各種客製化處理。而且她的俠義性格非常鮮明，同理心加上直接率真的兩股氣勢協助學員面對問題，很一針見血，也很刺激，刺激到常讓我在一旁替她捏一把冷汗。我一開始會想：「可以這樣做喔？」等到結果出現，鬆了一口氣的同時，暗自點頭讚許說：「原來可以這樣！」

依靜，總是讓我驚艷！

這本書《自療書：人生最重要的事，就是完成自己的成長》，是她這幾年陪伴許多人走過生命幽谷的體悟與見解，也是本很好用的實踐手冊。

生命之所以醇厚，是因為旅途太豐富。

在你的背包中帶上《自療書》吧，讓它陪伴你，真誠的面對自己，傾聽自己的內在。

深信，你一定可以治癒自己，成就自己，最終成為自己的「引路人」！

推薦序

錦囊妙計

詹純蓉
資深社工督導

二十年前一位好朋友告訴我，每個人都有其人生的功課，當你不願面對時，它就會一直以不同方式來到你面前，直到你學會這項功課！

年輕時我不懂它的意涵，一路走來遇到的挑戰確實印證了這句話，我曾參加各種成長課程，但只能稍稍改善缺乏自信、過度在乎別人的狀態，課程結束後又打回原形。

一個機緣下，朋友大力推薦參加了楊老師的心理學課程，老師理論實務兼備，講課善於運用生活教材，都深深打動我，同時也療癒著我，幫助我覺察非理性的信念，拆解自己的種種設限、提升自我價值。漸漸地我接納自己的不完美，並學習勇敢表達，嘗試做真實的自己，我欣喜自己的進步與改變！

楊老師具有悲天憫人的情懷，所以成立了「臺灣點一盞燈社會關懷協會」，發心協助經濟弱勢的家庭及有心理困擾的朋友走出困境，這也是讓我非常佩服的，因為我本身就是一個社會工作者；她還成立劇場，做戲劇治療，不計盈虧，這是需要多大的勇氣與慈悲。

現代人同時兼顧許多角色，不同階段面對不同的挑戰，承擔許多壓力；這本《自療書：人生最重要的事，就是完成自己的成長》是一本人生寶典，可以把它當成一本工具書或心靈勵志小品，在面臨人生挑戰時，就翻閱到相關章節，會發現書中字字珠璣，猶如錦囊妙計，給我們人生許多導引！

感謝有機會拜讀此書，當下獲得許多啟發與感悟，最後想跟大家分享最觸動我的幾句話：

「不要一直擔心未來，因為你所擔心的事，可能根本不會發生。」

「思想有能量，你可以運用它心想事成，也可變成自毀的武器。」

「如果傷害沒有把你擊倒，你就能在淚水中淬煉成長。」

「你如何如實的看待自己，比別人如何看待你重要。」

「每個人都有失敗的權利，這是最好的學習。」

「怪罪別人很容易，卻無助於生命的成長。」

「怎麼活都可以，就是不能活得違背自己。」

「不要去討好不喜歡你的人，只會得到他的輕視。」

「如果你忘記愛自己，別人也會忘記。」

「遠離負面人格，心情就不會受影響。」

「不要只做孩子衣食父母，還要做心靈父母。」

「及時的讚美和鼓勵，是孩子前進的動力。」

「沒有問題孩子，只有問題家庭。」

推薦序

最適合的床頭書

陳淑玲
高中輔導老師

閱讀依靜老師的書《自療書：人生最重要的事，就是完成自己的成長》就像談戀愛的感覺，句句像詩一樣的優美，又富有心理學知識，像是完形學派、認知行為學派、Stair 學派，以及多位哲學家的經典名言，更蘊涵著老師多年帶領成長團體所累積的人生智慧學。

書中的每個主題都是人生各階段會面臨的功課，而當你正在遭逢該主題時就會特別有感觸，這是一本很值得反覆閱讀的床頭書。如我正遭逢情緒風暴時，看到老師對接納情緒的描述，就覺得自己應該要將長期慣性累積的、壓抑的情緒找回來，不再逃避與討厭，如實的與它相處，看看這些情緒要對我說什麼話。

過去的我常有拯救者情結，看到別人生氣或受害就沒有界線的跳入要處理，結果把自己的情緒也捲入其中、耗能且無法有效幫助，因此界線分明是我要練習的目標，謝謝老師在此章節點出了我的議題。

老師以最溫暖而又精闢的見解，道出了當我們面對這些困局時，該如何重新找回自己、珍重自己、愛自己。是的，如果你一直在關注別人怎麼對待你而不善待自己，你就會充滿失望。

因此書中每個主題一直在提醒「我覺察、我選擇、我負責」，甚至也提供了許多忠告，都是讓我們可以依循的方向。很真誠建議讀者閱讀到觸動你內心的字句時，可以寫成卡片，擺在書桌前每天溫暖回味。

筆者因緣際會，報名了老師的點一盞燈協會開的公益課程，雖是大眾心理學，但老師上起課來一點也不馬虎，非常專業又生動。我本身也是位助人工作者，透過老師的帶領再次溫故知新心理學各大派別的理論和精髓，更看到老師在團體運用各治療學派幫助學員走過低潮，我也從中學到了不少專業技術。

所以無論讀者透過閱讀方式還是加入線上心理學課程，都可以更進一步認識知性感性兼具，美麗又溫暖的依靜老師。

推薦序

一生最好的禮物

陳志平
學校特教老師

在大學就修過心理學，但真正認識它是上了依靜老師的課，她把心理學各大學派的精髓說得活靈活現，也把心理學與人的生活連結在一起，如何運用這門專業知識幫助自己認清自己、了解他人、建立關係。

接著我欲罷不能上老師的深度心理學、完形治療與 Satir 家庭治療，還有身心靈整合課程，至今已四年，越來越艱深，也越來越有趣，入寶山從不空手而回。

老師上課風格敏銳犀利但又溫暖風趣，就像這本書《自療書：人生最重要的事，就是完成自己的成長》的風格，單刀直入切中現代人的心結與盲點，再提出最貼切的提醒，讓讀者有了自我成長的方向。

上老師的課之前，認為覺察力是自我成長的基礎，不會深奧啊！殊不知，在老師的引領下，才驚覺「覺察」是一輩子要反覆練習的功夫，人常常活在不知不覺中。有了清明的覺察才能做出最正確的選擇，並為選擇負責，否則一輩子會活在受害者角色，或是忙著拯救別人的人生，就像獨處和孤獨、勇氣和衝動，差別就在有無察覺和如何選擇而已。

因此，閱讀此書時彷彿又在練習自我覺察，很多議題更能心領神會。書中共有十五個主題，每個人都能在各自的主題當中找到療癒的指引，因為每一金句，都是老師從自己和學員的生命中淬煉而來，如此地貼近現實、貼近我們的心。

最後，以存在主義心理學家歐文．亞隆的話作為推薦：「有些人無法掙脫自己的鎖鏈，卻能救贖他們的朋友。」這正與老師在書中寫的「我幫你，你幫我，人生很多困難就這樣過去了」的精神不謀而合。

如果你沒有這樣的朋友，這本書就是你最好的良師益友，當你孤獨、低潮、茫然、糾結時隨時親近它，相信你可以汲取到你需要的智慧和力量。也鼓勵你能購買此書，送給你身邊的親友，做為一生最好的禮物。

餘韻不絕

廖又威
天文物理學家

我是在剛考上研究所那一年遇到楊依靜老師的，在這之前我很難與別人建立親近的關係，可以和大學同學一起討論課業、一起辦活動，但是心中的喜悅、悲傷、孤寂，就像流落荒島，無人可以訴說。

由於這份疏離感，我開始接觸心理學、身心靈的書籍與網站。後來無意間看到楊老師的課程介紹，被當中的文字觸動（後來才知道這些文字都是出自她本人的手筆），於是我決定給自己一個改變的機會，來到楊老師的課堂。

在楊老師的成長課，我才發現原來我與人的疏離，起源於我與自己內心的疏離；我才發現我的內在世界如此廣大而且陌生，深埋著過往被霸凌的傷，也深埋著我從來不知道的力量。我開始學習在團體分享、探索我的內心，也學習如何同理他人。

二十多年的成長之路，雖然看似漫長，不過那一點一滴找回來的自己越來越能夠自我支持與支持他人，這二十多年就值得了！

這些年我親眼、甚至是親身，見證了無數次楊老師精彩的療癒現場。她總是能把學生心中最幽微，但也是最重要的那個關鍵點輕輕地拉出來，再用最適當的角度與最溫柔的心好好的處理它，為學生帶來一道希望的曙光。

要達成這樣的效果，以下三點必不可少：非常專業的心理學背景、非常敏銳的眼光，以及一顆非常善良的心。

《自療書：人生最重要的事，就是完成自己的成長》的文字不但一針見血，而且幽默風趣，看了令人會心一笑，書裡面沒有什麼大道理，卻是深含智慧的洞見。

書中幾乎所有的文句都很精彩，餘韻不絕。在這裡先跟大家分享幾句最能打動我的話：

「這世上多是不完美，但生命沒有裂縫，光怎麼進來？」

「我們曾經是那個受傷的人，也同時是那個可以勇敢活下來的人。」

「愛，就是在別人的需要上，看到自己的慷慨。」

「成功的另一種定義：承認失敗、接受失敗、反省失敗。」

「痛苦只是人生的一部份，不是全部。」

「沒有經驗痛苦，就不知道什麼是幸福。」

「好天氣是絕望過的人，才懂得的風景。」

讓這本《自療書》走進你的人生，為你帶來自我療癒的力量吧！

推薦序

學會做自己

藝術工作者 蘇珊

兩年前因同學介紹，有緣結識了楊依靜老師，感謝這一段最美的相遇。就連現在偶爾回想起老師上課的情景，很多醍醐灌頂的話語，迄今仍能讓我回味不已。艱澀難懂的心理學理論，透過老師生動活潑的解析，忽然使我茅塞頓開，心理學原來是可以這麼生活化。

受傷的時候，說出自己的傷
悲苦的時候，說出自己的苦
感到害怕，就說出自己的怕
如此輕而易舉的事，很多人卻做不到
因為做真實的自己，需要極大的勇氣

上面是《自療書：人生最重要的事，就是完成自己的成長》書中最讓我印象深刻的一段話！看到這一段，我開始意識到我是一個極端愛面子的人，我希望在別人面前的形象是美好的，因此很多事情我都攬下來做，我說不出自己的苦，說不出我需要幫助，即使很累、很委屈，我也不會求助，我常自己獨力完成工作，即使是要做到三更半夜，但那時心裡的委屈好大，甚至變成了胃痛、胃潰瘍、氣喘，這些病症都折磨我好長一段時間。

從意識到這些，到一路掙扎改變的過程，我慢慢允許自己活得真實，敢於示弱，也敢於拒絕。回首這段過程，除了特別感謝老師的啟發與陪伴，也感謝一起共學的夥伴，這些都是在成長道路上最美的風景。

老師在書中有非常多精采的人生金句，常常令我看一句就停下來想很久，似乎看完一本書，也就思索完一生。讀完書後的我，知道要怎樣的生活，知道要如何自我調整，我感覺自己充滿力量、溫暖與勇氣，人生道路不管順逆，我都可以堅持下去。

誠如老師說這不是一本格言書，這是一本實踐書，不是看完就會了，而是要透過身體力行，親身去做，才會真正完成自己的成長，這本書值得一生收藏。

謝謝老師讓我學習做一個表裡一致真實的自己，也希望這本書能為你帶來真實的力量。

作者序

文學與心理學，都是人類精神的重大支柱

楊依靜

這是我的第四本書：《自療書：人生最重要的事，就是完成自己的成長》，大學時期出過兩本詩集（那時我是標準的文青），五年前寫了一本《醒了過來：人生的旅程就是迷失自己後，重新找回自己的過程》。

坦白說，作者序是整本書最難寫的部份，因為該說的話都在內文說完了，還要講什麼呢？我這個人最怕囉嗦，一句話講成十句話是很累人的，所以這本書的風格本來就定位成「文句省淨，簡潔有力」。

但芳芳總編既然要求我多談談自己，那就來說為何我寫這本書好了。其實這些文字是我在臉書的貼文，我幾乎天天寫，已經養成一種自律的習慣，常有讀者留言說對他們啟發甚多，或說好像被打醒，或是心靈得到了撫慰，還有讀者說如

果哪一天沒看到我的文，就覺失落。

最特別的是收到一位陌生女子的來信，她說她本來很想死，但天天看我臉書，一點一滴找到活下去的力量，也覺察自己的痛苦其實有解方，人生不是她想的那麼慘，她感謝我「救」了她。這樣的訊息讓我很震撼，想不到我的文字，文字裡的思想和情感可以對人產生這麼巨大的影響力。於是我更真誠慎重的下筆，為社會點一盞燈。

我的臉書也分享自己人生的高低起伏，悲喜顛盪，脆弱堅強，成功失敗。我從不塑造什麼心靈導師的形象，所以不在乎揭露自己的瘡疤，就如同分析心理學的創始人榮格說的：「與其追求完美，我寧願選擇成為一個完整的人。」

從事心理教學二十多年，這是知識的傳遞——運用心理學來認識自己，突破人生困境；同時我也帶領成長團體，傾聽學員的生命故事，那些悲傷的、失落的、挫敗的、遺憾的種種故事，我傾聽著、陪伴著、同理著，接住他們受傷的心，讓他們有一個安全的情境儘量釋放情緒與感受，再陪他們一起探索出路，安頓自己的身心。

所以我的角色就被定為「助人工作者」，人生會走到這步路，其實是意外，這不是我從小的志願，這是命運的安排，怎麼說呢？

小學的我嗜字如命，意思是我喜歡大量閱讀，先從報章雜誌開始，那時家裡訂了《中央日報》、《中國時報》、《聯合報》和《讀者文摘》，我就每天津津有味讀著每篇報導，不放過每個字，尤其喜愛副刊的文學版。小學四年級，同樣熱愛閱讀的母親布置了一個書房，三壁全是書，我簡直樂透了，不上課的時間都浸淫書房，沒有廢寢但常常忘食，媽媽讀什麼，我就讀什麼，琦君、林海音、司馬中原、張曉風、胡品清、林文月、華嚴、余光中……，而我最喜歡的是於梨華的小說，她的每本小說我都讀過，一直讀到國中畢業，也因她使我的志願是「小說家」。

至於那年代流行的瓊瑤小說我只看了一本《煙雨濛濛》就不看了，覺得那種故事太矯情太夢幻，不適合我的脾胃，我喜歡寫實的著作，年幼的我似乎有一個「老靈魂」。

大量閱讀，造就我的文字能力，小學作文比賽都是全校第一，國中開始寫短篇小說，投稿《中國時報》人間副刊、《聯合報》副刊，十投五中，高中得到幾個文學獎，大學開始寫詩，受邀參加當時頗負名氣的「陽光小集」詩社，後來出了兩本詩集。

我以為人生的文學路就這樣走下去，加上從小習舞多年，所以我的美麗夢想是：將來我是「小說家」與「舞蹈家」。

後來人生轉了大彎，是因十六歲的我傾全力考上北一女，興奮地穿上綠制服後，母親忽然罹患癌症，一發現就是末期，三個月後就過世了。這突然的巨大撞擊讓我招架不住，搖搖欲墜，母親是我唯一的精神支柱、愛的來源，也是經濟的提供者。她一走，我的人生頓時陷入了黑暗期，孤獨淒涼，我開始半工半讀生涯，嚐盡人生冷暖，這是我心靈的重大創傷，還好有文學陪伴我支撐我。此時開始接觸新潮文庫的哲學書籍：卡夫卡、叔本華、尼采……，原來這些哲學家的人生境遇並不順利甚至悲慘，可是從不放棄自己，一直在思考與書寫，這對我產生了勵志的作用。

談到勵志，這裡我要特別提到最啟發我的兩位老師，一是音樂家貝多芬，他在人生最低潮（失聰）時期，竟然寫出振奮人心，流傳千古的交響曲《快樂頌》，鼓舞了多少人心；二是梵谷，他一生窮困潦倒落魄，又罹患精神疾病，但堅持創作，那一幅幅色彩強烈的畫似乎訴說內心的痛苦掙扎與美麗幻想，他藉由繪畫成為生命的勇者，努力存活下來。

那時的我，無依無靠，也努力存活，在黑暗中找光。

大學畢業後工作幾年，存了些錢，赴美就讀心理研究所。心理學的博大浩瀚使我讚嘆，十二學派都讓我津津有味的鑽研，原來「了解人」是門深刻的學問，而人人皆有創傷，如何療癒，讓人獲得心理健康，更值得一生探究。

幾年後我又到美國的「依沙蘭身心靈整合學院」進修完形心理治療，家族治療和戲劇治療，這是學院派以外的活生生體驗，因母親早逝而破碎的心就在這裡得到療癒。帶領團體的治療師以無條件的真誠，接納學員所有爆炸性的情緒，我看見一個治療師的寬度與高度，同時我在他們身上學習到心理治療的技術與藝術。

回國後我開始帶成長團體，並四處奔波演講，主題大都是自我認識、人際關係、溝通藝術、情緒調節、壓力紓解、創傷療癒、復原力。

十二年前我在一群充滿大愛的學生協助之下成立「臺灣點一盞燈社會關懷協會」，扶持經濟弱勢家庭與孩子，並開設免費公益課程；同時也成立「阿含生命傳記劇場」，由素人演出他們的真實故事，故事裡的風霜雨雪，是臺灣第一個

「傷痕劇場」。

生命原是不斷受傷和不斷復原的過程，我們就在其中認識自己，明白自己要學的功課，並且漸漸成熟圓融。而生命終會溫柔的等待著我們長大，並且接納我們所有的悲傷。

現在我每天醒來，發現現實一切平安，就要謝天謝地；如果心中還保有勇氣、希望，和愛人的熱情，就可以在人間創造天堂。

給正在閱讀本書的你，且為自己的生命點一盞光明燈，並對自己說，現在開始不糾結，不折磨，願自己開心；從今而後不計較，不小氣，給別人快樂。祝福你將過去得失成敗的經驗轉為智慧，你的人生道路終將晴空萬里。

留住愛與美麗，讓悲傷隨水漂逝。

最後謹以此書獻給我的母親湯玉貞女士
疼惜她三十九歲即過世
感謝她給我十六年無條件的愛與包容
更感謝她成為我一生最好的榜樣

目錄

〔推薦序〕
讀懂自己／陳學聖 002
像詩一般的自療書／陳妙芬 004
精采奇女子／馬蕙蘭 006
引路人／王品惇 008
錦囊妙計／詹純蓉 010
最適合的床頭書／陳淑玲 013
一生最好的禮物／陳志平 015
餘韻不絕／廖又威 017
學會做自己／蘇珊 020

〔作者序〕文學與心理學，都是人類精神的重大支柱／楊依靜 023

前言 035

關於自己
怎麼活都可以，就是不能活得違背自己 037

關於生命
我們都受過傷，所以才能成為彼此的太陽 059

關於情緒
想要隔離痛苦的人，也會隔離快樂，因為它們需要的能力是一樣的 075

關於孤獨
有人享受孤獨，有人覺得寂寞 085

關於愛情
不要和問題比你多的人談戀愛 095

關於失戀
如果你夠愛自己，看重自己，就可以找到力量活下去 107

關於婚姻與外遇
有時婚姻是愛的港灣，有時婚姻是愛的殺手 119

關於年紀
人到了一個年紀，就要選擇自己想要的生活 147

關於成長

沒有完美，每人都在犯錯中學習、成長 155

關於關係

改變別人最有效的方法是改變自己，因為關係是共構出來的 175

關於親子

不要只做衣食父母，還要做心靈父母 191

關於命運

性格決定命運，覺察你的性格敗在哪一點致命傷 205

關於愛

生能徹底愛，死就無懼 217

關於自我探索
你對你自己滿意嗎？如果不，你會如何改變？ 233
人生備忘錄
幫助你幸福成功的十二條正向信念 237

前言

大家很喜歡看正向的格言
可是又未必做到
所以格言永遠只是格言

這不是一本格言書
這是一本實踐書
也是一本自我救贖的寶典
需要慢讀、細品、反思

以心理學出發，希望給讀者溫暖、智慧與勇氣

關於自己

怎麼活都可以
就是不能活得違背自己

常常激勵自己的人
沒有自卑情結

不要想做一個受歡迎的人
這世界充滿了偏見
總有人喜歡你，總有人不喜歡你

• 誰傷害過我、誰打擊過我，都不重要
重要的是誰愛過我、誰幫助過我、誰鼓舞過我

• 每個人心中都可能住著一個受傷的小孩
已經成人的你，要學習懂得去疼惜、撫慰、陪伴那個孩子

• 如果童年沒有得到父母的關注與善待，造成心靈的傷口
現在我們可以重新把自己愛回來
或和自己的孩子建立你所渴望的關係

• 我們都希望從父母身上得到愛
如果得不到，就要接納這個匱乏，然後轉向其他人
一定有人願意付出愛給你，讓你不再孤單

• 也許你父母也是「愛的匱乏症」

他們給予不了他們身上沒有的東西
放棄期待他們
從現在開始學習當自己的父母
好好愛自己

- 受傷的時候，說出自己的傷
悲苦的時候，說出自己的苦
感到害怕，就說出自己的怕
如此輕而易舉的事，很多人卻做不到
因為做真實的自己，需要極大的勇氣
要放下自尊、面子、形象

- 允許自己可以表達脆弱或盡情哭泣，不在乎別人的眼光
因為你的心理健康，比自我形象還重要

・有陽光就有陰影，有快樂就有悲傷
一個允許自己感受各種情緒的人
才有健康的人格

・有一部日本電影叫《人生剩利組》，是剩不是勝
那個失意潦倒的中年男，喝了酒後痛哭流涕的說
「我花了那麼多時間自我膨脹
然後發現其實自己脆弱得不堪一擊」
這麼赤裸真實的話，總是震動著我

・處理自卑最好的方式就是自我接納，不要和別人比較
你可以說玫瑰比百合美嗎？松樹比柏樹好嗎？
告訴自己，每個人都是上帝獨一無二的傑作
每個人都是老天最鍾愛的孩子
我愛我自己、我尊敬我自己

• 你怎麼看你自己，別人就怎麼看你

• 有人批評你，有人讚美你
你要有足夠的自我肯定與自我認識，就不會輕易受影響

• 自我肯定也叫自尊（self-esteem）
擁有自尊，就會覺得自己值得被愛、有價值
高自尊的人就是俗稱有自信的人

• 越有自信的人，越不在乎承認自己的弱點
也不會在意別人的貶抑
因為他全然接納自己的不完美
他也深知自己的長處

・建立自信必須停止否定自己
以及在人生經驗中累積小小的成功

・你做了一件錯事
不代表你是錯的人

・常常激勵自己的人
沒有自卑情結

・心理學家阿德勒說
自卑不是一件壞事，它是促進你前進的動力
最終你會超越自卑，獲得你要的成就

・阿德勒寫了一本書《自卑與超越》
就是他人生的真實體驗

• 每天讚美自己三句話，可以讓自己滿面春風
每天讚美別人三句話，可以讓別人走路有風
何樂不為呢

• 別對一個人太好，好到失去自己，好到沒有個性
如此只會勾起別人的陰暗面看輕你、欺負你
因為人性有「欺善怕惡」這部份

• 每個人心中都有黑暗的部份
如果你太信任別人或對別人太讓步
就會勾起對方的黑暗面來背叛你
認清這個人性的事實後，自己要負起一個責任
你就不會陷在受害者情結

- 很多事情是對的，可是沒有樂趣（這就是有人喜歡叛逆）
很多人是好人，可是沒有情趣（常有人說男人不壞，女人不愛）
其實我們可以善良又有趣
- 不要進入固定模式，不管是你的生活或思考、言語
一旦進入固定，人就變得僵化與乏味
- 災難式幻想讓我們不能突破自我，去做想做的事
我們需要更大的信心與勇氣去探險，可以讓自己不安全
一旦接納不安全，你就安全了
接納焦慮，你就不焦慮了
- 潛能開發心理學提到：意願最重要，方法無數種
只要你百分百真心想達成某一願望
不僅你的潛力會被激發出來

全宇宙的能量都會助你一臂之力

- 勇敢不是沒有恐懼
而是你願意克服恐懼
不讓它阻礙你前進

- 一個人可以一直抱怨，抱怨很多年
事情仍不會有任何改變
你必須負起一個責任，解決問題的責任

- 負責任的第一步
就是不當受害者
那會使你失去力量

- 問題不是問題

如何面對問題才是問題

・什麼是問題？
當你的智慧低於它，它就是問題
你的智慧高於它，它就不是問題

・如果你知道如何把問題變得更嚴重
就表示你可以把它變得更輕鬆

・我們最大的限制，不是做不到
而是沒想過自己做得到
NLP心理學「弄假成真」的原理：
表現得好像可以掌握自己的人生
你就真能掌握自己的人生

・每天早上起床時照鏡子給自己一個微笑
會為你帶來好心情

・一行禪師說
「快樂會帶來微笑
但我不會等到心中有快樂才微笑
我先微笑，快樂就會隨之而來。」

・將每個不快樂的念頭都變成鳥
讓牠們飛走
這是一個很好的心靈練習

・煩惱如雜草
別讓它成草原

- 有些煩惱是憑空想像出來的
我們卻都把它們當真實承受

- 先對自己微笑，才能對別人微笑
先給自己幸福，才能給別人幸福
先饒過自己，才能放別人一馬

- 一個人毫不費力專注在某事的能力
就是他的天賦

- 不要跟別人比學歷
而是充分發揮老天賜給你的天賦
走自己的路
那麼你的人生就是一段愉悅而且心甘情願的旅程

・敢於不同、敢於創造、不論成敗
重要的是對得起自己，不虛此生

・幸福是一種主觀的感覺
不需依賴外在條件
一個貧窮的人或沒有伴侶的人
都可能感受幸福

・不管過去是苦是樂
不要回首，不要糾纏，安住在當下
心就可以平安

・在這麼複雜的生命歷程裡，要學會安自己的心
那麼不論你走到什麼階段，經歷什麼樣的事，都不會迷失自己

・每個人說的話都是內在的投射
所以可以從語言了解一個人
負面人格容易說話傷人
正向人格說話有如暖陽

・不管你多愛一個人，都得先愛自己
愛自己不是一句流行的口號
而是長期投入學習的過程
因為從小我們都在符合別人的期待、取悅別人

・當你真正愛自己
你就開始遠離一切不健康的東西
不論是食物、人物、感情或環境

・把自己當作一盆植物或一朵花

每天好好澆灌自己

・不要想做一個總是受歡迎的人
這世界充滿了偏見
總有人喜歡你，總有人不喜歡你

・不要去討好不喜歡你的人
否則只會得到對方的輕視

・如果你的喜樂越來越少
不是因為你缺少什麼
而是你忘了去感恩你所擁有的

・魯蛇（Loser）人格特質之一：愛抱怨
特質之二：悲觀思考

特質之三：受害者心態

- 人一定要奮鬥
奮鬥到終，總有點小成
終於活得自主
不再看人臉色

- 日本有句諺語「一隻烏鴉想出類拔萃，不是讓自己變白，
而是讓自己更黑，黑得發亮」
不要盲目隨從，以自己的本色去過活，去拼搏，
不管有無出類拔萃，最重要是成為獨一無二的自己

- 怎麼活都可以
就是不能活得違背自己

• 除了勇於做自己外
還要做一個更好的自己

• 人生的成功或失敗的定義
由自己決定，不是社會

• 一個人如果要成功，有三大路徑：
一是父母很強，受庇蔭
二是朋友很強，所以要善交友
若以上都無，那就得靠自己
這條路最艱辛，所以準備好你的意志力

• 貝多芬說
「除了意志，我一無所有
而我的意志非常豐沛」

• 所有行為偏差及上癮症都是因為缺乏愛
尤其童年時沒有得到足夠的身心滋養

• 童年創傷必須得到療癒
因這些創傷在我們長大後會復活
對自己對別人產生破壞性

• 什麼樣的人格特質就吸引甚麼樣的人
欺負你的人，因你的軟弱而來
欣賞你的人，因你的自信而來
不在乎你的人，因你的自卑而來
愛你的人，因你的自愛而來

• 人很難真正快樂起來

是因為沒錢的想要有錢，生病的想要健康
相貌平庸的人想要變美麗，五官姣好的人又嫌自己身材欠佳
年華老去的人想要青春，寂寞的想要有伴，有伴的又覺得這個伴不夠好
沒房子的想要有房子，有房子的嫌貸款壓力大
沒孩子的想要有孩子，有孩子的覺得養孩子很辛苦
有錢養孩子的，覺得孩子不成材

• 人容易活在自己的想法裡
例如一個神父與妓女走在一起
一人說這個神父的愛無分職業，連妓女他也願意接納
另一人則說這個神父有問題，竟然跟妓女走在一起
有了這個覺知，就要檢視自己對事情的解讀是否過於負面

• 世上的事沒有好壞
是想法決定了它的定義

・你平常都怎麼想的
思想有能量
你可以運用它心想事成
也可變成自毀的武器

・你怎麼想
決定你的行為
而行為又造成結果
結果就是你的命運

・你的思想是助你成功
還是阻礙你成功

・當你感覺到挫折、失意時

別急著否定自己
畢竟那一時一刻並非人生的全部

・我始終相信每個人都有能力面對困境
找到生命的出口
只要你的心態夠積極

・世上沒有絕望的處境
只有對處境絕望的人

・人生最大的失敗
其實是被自己打敗

・把壓力視為挑戰的人
壓力就變得不是壓力

而是成長的動力

· 人生這麼長
你的心會受傷很多次
只要相信自己有足夠的韌性
就不會被擊垮

· 追求心理健康
人格成熟是一條永無止盡的道路

關於生命

這世上多是不完美
但生命沒有裂縫
光怎麼進來
我們都受過傷
才能成為彼此的太陽
人生就像開車
開錯路才知甚麼是對的路

- 生命是學習的歷程
每個靈魂來到這地球都有他要學習的功課

- 人生最重要的事，就是完成自己的成長

- 付出甚麼就得到甚麼
人生就像一場迴力鏢，你所投射出去的，不管好壞
終將回到你身上

- 但願我們活時很盡興
死時很甘願

- 有人說，人生是苦海；有人說，活著真好
其實人生不是二分法
人生是灰色地帶，有苦有樂

我們要盡情享受活著的樂趣
也要學習「苦中作樂」的本事

- 人生勝利組，鍛鍊不出一個人的勇氣
勇氣常常從面對挫折時激發出來
以及創傷後的自我修復能力

- 一帆風順的人，不懂感恩自己有多幸福

- 人生，就是把你喜歡的和不喜歡的全都編織在一起
讓你有享受的時候
也有要學習的功課
而且這個功課通常都逃不了

- 每個苦難的背後，都隱藏著生命的禮物

如果你有誠意打開這個禮物（即使包裝很醜陋）
你就會發現一切都是最好的安排
一切都是為了靈魂的成長而設計的

• 過去的苦難，可以成為現在的恩典
過去的悲傷，可以成為現在的力量

• 十九世紀法國作家莫泊桑的一段話深深震動我
他說：
「生活不可能像你想像的那麼好
但也不會像你想像的那麼糟
有時我因為一句話就脆弱到淚流滿面
有時我發現自己咬著牙走了很長的路」

• 生命最陷落時

同時也是生命的覺醒時刻
這叫「多麼痛的領悟」

・這世上多是不完美
但生命沒有裂縫
光怎麼進來？

・我們人生有許多失落
也有很多創傷
一旦我們走上愛自己的道路
永不放棄自己
老天就會把你失去的加倍奉還給你

・我們都受過傷
才能成為彼此的太陽

- 人生無常，如果生離死別是必然
在這之前努力相親相愛，儲存美好記憶
日後回想，問心無愧，了無遺憾
也是功德圓滿

- 我們從過去人生的各種負面經驗
形成了對生命固定的思考模式
常覺得人生是苦的，自己是無能為力的
我們太把注意力放在負面經驗上
就忽略了人生其實也曾帶來快樂
也曾帶來光榮時刻

- 正向聚焦
可以使你不繼續受苦

• 你離不開苦
是因你選擇受苦

• 放手往事，放下一再重播的傷痛
把注意力放在現在，感受當下簡單的幸福
也許是看了一本好書或一場好電影
也許是身邊的人傳來一句關心的話
也許是今天的太陽很溫暖

• 我們人生都處在回不去的狀態
我們怎能不珍惜眼前人、眼前物、眼前景？

• 如果我們擁有感恩的能力，就會看見別人的美好
如果我們擁有感動的能力，就會看見生命的美好

• 出現在你生命中的每個人
都不是巧合
都是該出現的
幫助你完成生命中某些課題

• 對既成的事實不要後悔
悔恨對人生無益
而且有害健康

• 人生有如一場戲
上半場演不好沒關係
還有下半場
重頭戲總是在下半場

• 當局者迷
人要脫離痛苦，勢必要抽離開來
以第三者的眼光來看自己
就比較清楚自己在幹什麼
下一步可以做些什麼

• 人生沒有絕對的快樂
也沒有恆常的痛苦
總是在苦樂悲喜之間出入
苦中作樂、笑裡藏淚

• 人如果意識到死亡的存在
就會讓自己活得不浪費

• 不快樂的事不做

沒有愛的事不做
沒有意義的事不做

- 去享受你的擁有
而不是去追求更多的擁有

- 人生只是一場經歷
沒有得失成敗可言
體驗和學習才是重點

- 人生最大的悲劇不是死亡
而是活著沒意義
如果能找到意義，再大的苦都可以忍受

- 人生這麼長

總有幾次後悔
沒關係的
如果後悔沒帶給你智慧，這才是真後悔

- 選擇艱難的路走
只因更美的風景

- 生命沒有失敗
因為所有的失敗都是成功前的練習題

- 日本動畫大師宮崎駿說
「雖然有逆風，只要不放棄希望
這個世界永遠值得我們努力活著」

- 低潮可以轉為昇華

貝多芬在人生最痛苦（失聰）時創作出《快樂頌》
鼓舞多少人心，流傳千古

・害怕失敗，讓我們停留在原地
生命像死水

・不要一直擔心未來
因為你所擔心的事
可能根本不會發生

・人生就像開車
開錯路才知甚麼是對的路

・逃避，不一定逃得掉
面對，不一定很困難

別以為無能為力
別以為路只有一條
總有很多可能
自己要去找出來

・先面對痛苦
把問題解決
事後享受的快樂會最大

・心理學家阿德勒說
「幸運的人一生都被童年所治癒
不幸的人一生都在治療童年」

・有三個理由需要檢視童年的傷
1. 為自己療傷

2. 保護自己，不再受傷
3. 避免用相同的方式傷害他人

・我不能祝福你有幸福的童年
那已來不及
但我要祝福有悲慘童年的朋友
可以得到療癒
方法是找到一個資深又溫暖的心理師
進行一段長期的心理治療
或參加成長課程
或藉由宗教信仰
或是閱讀相關書籍

・痛過的人，不管是心靈的痛或肉體的痛
才能真正了解別人的痛

同樣的，唯有痛過的醫師或心理師
最有真實的同理心

• 人生的黑暗時刻
拚的就是兩個聲音：
一個是自我安撫的聲音
一個是自我指引的聲音

• 好天氣，是絕望過的人才能懂得的風景

• 印度詩人泰戈爾說
「在我日子結束之時，我將站在你面前，你會看到我的疤痕
曉得我愛過、傷過，也終於療癒」

• 讓生命每個傷痛的經驗

成為你成長的養分
而不是生命的悲哀與垃圾
秘訣就是走上自我救贖的道路

關於情緒

想要隔離痛苦的人
也會隔離快樂
因為它們所需要的能力是一樣的

沒有經驗痛苦
就不知道什麼是幸福

所有的感受都需要釋放出來
生命的能量才能流動
如果關閉，身體就會緊繃僵硬，情感變得冷漠

・這世界充滿創傷
我們需要一個容納情緒的空間

・很少接觸自己感受的人
也會對別人的感受感到陌生，無法了解、同理
因為逃避自己的情緒，也會逃避別人的情緒
長期下來人會變得麻木

・情緒必須被傾聽、理解
而不是除之而後快

・允許情緒、尊重情緒、陪伴情緒
看它要表達什麼
這就是對待情緒的最好方法

• 活得不痛不癢
會變成行屍走肉
英文叫 walking corpse

• 如果常把情緒壓回去
一旦成為習慣，就會困難表達哀傷及哭泣
也會在生活中不斷逃避讓自己難過的事
一旦必須要面對，就開始焦慮

• 焦慮會讓人有各種上癮症：
酒癮、菸癮、手機癮、購物癮、性愛癮、暴食症……

• 能夠感覺難過，才能感覺快樂
去經驗那個悲傷，那個悲傷才會轉化
一旦你逃避或壓抑

那個情緒，就會凍結在你心底一個角落或身體某一處

• 一個人如果能真實的表達自己的情緒和感受
身體的能量就可以自由流動沒有阻礙，身心就會健康

• 允許自己哭泣，允許別人哭泣，允許小孩哭泣
這是人性正常的發洩

• 只有當你去體驗最真實、最深層的感受
逆境與痛苦才會轉化

• 想要隔離痛苦的人
也會隔離快樂
因為它們所需要的能力是一樣的

• 心情不好時去大自然走走吧！
天空是如此遼闊
海洋是如此溫柔
一定可以包容我們所有的悲傷

• 生活中累積的情緒越多
就越沒有能量活在當下
任何一件小事都會勾起過去的傷

• 分享幾個紓解情緒的方法：
1. 說出來：找一個可信賴的人傾訴，最好是有同理心的人
2. 寫下來：如果沒有人可以說，就以書寫釋放出來
3. 動出來：保持規律的運動，不管是瑜伽、跳舞、快走、跑步、游泳、爬山都可以。因為運動時人體會分泌腦內啡，可以讓心情放鬆愉悅
4. 利用工具，如抱枕，雙手抓著抱枕，高舉過肩，用力往下摔，多摔幾次，

釋放情緒

5. 或者打沙包，搥枕頭、到空地大叫
善用以上的紓壓方式，就可以代替對人的發飆和暴力

• 能哭泣是好的
最怕的是欲哭無淚

• 你該悲哀時
反而忘記了悲哀
那才是真悲哀

• 所有的感受都需要釋放出來
如果關閉，身體就會緊繃僵硬，情感變得冷漠

• 記住，你比痛苦更強大

痛苦只是人生的一部份
不是全部

・如果你壓抑苦痛
它們便宰制你的生命
它們並沒有消失，而是轉入潛意識
以慢性疾病或憂鬱的面貌浮現

・沒有經驗痛苦
就不知道什麼是幸福

・每種負向情緒都有它的正面意涵
如憤怒有時是很好的提醒
對方的言語行為已經侵犯了你的界限
你必須明確告訴他要懂得尊重

- 擁有「界限意識」，才可以維持健康的長久關係
- 當覺得受傷時，你可以儘量表達你的感受
但不要落入我對你錯，就不會引起對立和衝突
- 如果你太容易有負向情緒，造成自己的焦慮或憂鬱
不妨做做以下「修正非理性思考的練習」：
這個想法符合事實嗎？有無誤解或誇大？
這個想法是不是我典型的思考模式？
關於發生的事，是不是需要更多的正確資訊再下定論？
放下災難化思考、以偏概全或過度推論的傾向
這就是認知療法心理學
- 憂鬱是神經迴路，越用越粗壯

相反的，
快樂也是一種神經迴路，越用越發達

- 當你落入低潮時最不該做的事
就是繼續低潮

- 情緒如浪潮
你只要學會衝浪
就不用害怕被情緒滅頂

- 創造正向情緒的十二件事
1. 好好善待自己
2. 改變悲觀的思考習慣
3. 提升自我價值感（多看自己的長處、優點、能力）
4. 規律運動（消耗多餘的壓力賀爾蒙，提升血清素與多巴胺）

5. 靜心、正念：每次只專注一件事，如慢慢呼吸、慢慢吃飯
6. 睡前記錄三件感恩的事
7. 隨時寫日記，釋放不愉快情緒
8. 專注於自己的興趣到忘我的境界
9. 創造良好的親密關係：親情、友情、愛情、婚姻、親子
10. 學習新事物：從不會到會，帶來自信與成就感
11. 多多行善：別人會感激你，自然為你帶來滿足感，價值感
12. 賦予生命意義：自我實現（不但全然發揮天賦才能，而且對社會有貢獻）

關於孤獨

有人享受孤獨
有人覺得寂寞
人常害怕寂寞
只好跟著問題人物生活在一起
獨處是一種能力
善於獨處的人
也善於與人相處

・孤獨是人生的本質
不管你喜不喜歡
人生的某個階段
總會與它相逢

・孤獨並不可怕
很多發明家、文學家、音樂家、藝術家、哲學家
他們的作品常在孤獨中完成
孤獨的心靈等於創作的心靈

・有人孤獨而覺得寂寞，因為只想逃避自己
有人孤獨而覺得圓滿，因為可以全然和自己相處

・胡適說
「只有狐狸與狗結隊，獅子與老虎卻是獨來獨往」

- 有人因孤獨就去結婚
婚後才發現兩個寂寞在一起，更難以忍受

- 當一個人耗費太多心神在外在的物質與人際世界
內在必然愈加空虛

- 別急著和外界互動，先回到自己身上，回到自己內在
給自己一份安靜和沉澱，下一步路走得更清醒更覺察

- 如果孤獨讓你覺得空虛，代表你需要和人連結
踏出你的象牙塔，去建立人際關係
或參加療癒活動（宗教、慈善、成長團體、讀書會）

- 如果你和自己在一起時，內在沒有一堆衝突、胡思亂想、負面念頭

當你和別人相處時，也會寧靜平和
獨處是一種能力，善於獨處的人，也善於與人相處

‧人常害怕寂寞，只好跟著問題人物生活在一起

‧有時孤獨不是身邊沒人
而是沒有人理解你

‧如果你找不到適合的人同枕共眠
那就帶一本好書上床吧
它是最佳伴侶
陪你度過每一個孤獨的夜

‧如果你願意開放自己與這世界連結
即使獨處，也不會有孤獨感

- 自稱有很多朋友的人
可能就是沒什麼朋友的人

- 單身只要處理好寂寞這件事
其他都不是大問題

- 如果你不想一直處於孤獨狀態
那就去經營一段長期而穩定的關係
這關係包括親情、友情、愛情、婚姻任何一種

- 有人享受孤獨
有人覺得寂寞

- 在別人面前

每個人都慎重隱藏他的悲哀或寂寞

• 卡繆說
「只要擁有回憶，就再也不會孤獨」

• 在孤獨面前，人人平等
只要活著，就不免要承受寂寞的重量

• 如果你是一座孤島
也許會遇見另一座漂浮的孤島
你們會連成一塊陸地

• 心理學家榮格認為
太外向的人容易失去自我
太內向的人會喪失接觸現實的能力

所以向內向外達到平衡
是一種較舒服的狀態

- 阿德勒認為
一個人如果離群索居太久，心理是不健康的
人應該與人聯結、與社會聯結才有歸屬感
因為人有「社會興趣」的需求

- 社會興趣有三個面向：
1. 相信自己對他人有用處
2. 相信他人會對自己伸出援手
3. 自己在社群團體有一個安身的位置

- 很多研究顯示
長期孤獨對健康有害
等於每天抽十五根菸

- 想與別人建立聯結
先要放下自己的面具和防衛機制
以最真實柔軟的心和別人靠近

關於愛情

不要和問題比你多的人談戀愛
可以付出，但不要掏空自己
真愛是你表現脆弱的真實面時
他還是愛你
你如果忘記愛自己
別人也會忘記

- 一見鍾情叫喜歡
細水長流就是愛

- 愛一個人很容易
但持續愛一個人就不容易了

- 兩人的遇見，不是故事，便是事故

- 戀愛有兩種結果，一是結束，二是結婚，不確定哪一種比較好

- 為了消除寂寞或有目的的愛
都不是真愛

- 千萬不要愛上一個沒有愛人能力的人
如果你不幸愛上了，就不要結婚

如果你不幸結婚了，就要學習好好愛自己

・什麼樣的人值得愛呢？
跟他在一起，笑比氣多
想和你真誠長久，而不是路過
跟他在一起，你會越變越好

・不要和問題比你多的人談戀愛

・心理學家研究出愛情的保鮮期最多兩年
所以愛不要一下燃燒完畢
留點後路，留給未來
這是保溫愛

・愛人要恰如其份

愛得太多，得失心就跟隨而來
任何感情皆如是

・熱戀時越甜蜜
分手後就心痛越久
只是很多人不知自己能承受多少苦痛的重量
就不加思索加倍的去愛，用力的愛
而後被分手，痛不欲生
這種故事常常在上演

・愛情如火
適度的愛讓人溫暖
過多則讓人焦黑如炭

・不是每個人都適合談戀愛和結婚

太自私的人沒有資格談愛
因為容易傷人
會在愛中失去自己的人
也沒有資格談愛，容易傷己

- 在愛情中沒有安全感，就會變成控制狂

- 愛不是依賴，不是索取
愛是兩個獨立的人格所建立的心靈連結和互助
這是健康愛

- 如果你修過愛情心理學
就知道有些愛情不必開始，有些愛情不必結束

- 好的愛情是你透過一個人看到美好的世界

壞的愛情是你為了一個人放棄美好的世界

・在愛情中失去自己，連帶的也會失去愛情
一個失去自我的人將會一無所有

・漫無節制的感情
絕不會比有原則的感情更深刻

・戀愛就像爬山
一到峰頂，無論是向前或向後
剩下的只有下坡路
唯有成為生命知己，才能永恆

・愛是一種能力
一種人格成熟以後才完備的能力

真愛只發生在兩個有能力的心靈的相遇
如果我們想要擁有真愛
一定要在自我成長的這條道路上精進修行

- 真愛，是你表現脆弱的真實面時
他還是愛你

- 男女情感瞬息萬變
但真正的愛永不消逝

- 當你的內在還有很多創傷、陰影
吸引來的伴侶絕對不是理想的
他就是你的一面鏡子，反映出你內在種種問題

- 這世上每個人都在尋求真愛

你是否問過自己
你有意願、有能力付出真愛嗎？

．在男女之情上，看到很特別的一點
就是愛壞人多於好人
壞男壞女被認為有趣、刺激；好男好女被認為平淡、乏味，
原因如下：
好人有求必應，壞人吊你胃口
好人隨伺在側，壞人若即若離
好人讓你心情平穩，壞人讓你心情起伏
好人讓你輕易得到，壞人讓你懷抱渴望

．如果你多年來不斷墜入情網，而後又不斷破碎
你會得到一個領悟
你的愛情就是一個單調重複的過程，只是對象不同

- 如果你的「戀愛模式」讓你陷入死循環
覺知這一點，就要找出自己的問題，打破這個模式（pattern）

- 人與人的緣分很難定義
「很像愛情」的可能半途而廢
「不像愛情」的倒有始有終

- 看過很多人為情所苦
真的覺得用情太深，猶如桎梏，一顆心不得自由

- 你以為在一段關係裡不斷付出就叫做「愛」
其實愛的本質不是在於付出多少
而在於理解對方需要什麼樣的愛

・可以付出，但不要掏空自己

・你如果忘記愛自己，別人也會忘記

・一段美滿的關係
是雙方可以在這段關係各取所需
是平等互惠的關係

・誰最容易愛上花心男？
相信自己非常特別的女人
過度追求刺激的女人
或是對自己太有自信的女人

・男人大半希望是女性的第一個男人
而女性全都渴望成為男人的最後一個女人

但做男人的最後一個女人未必幸福
假如你的前一號正好是他的正牌妻子

• 什麼樣的愛情是可靠的？什麼樣的人是可以選擇的？
是你想到他的時候會有一份相信
相信兩人未來會更好
常常讓你委曲的人，不是愛

• 擇偶的八大重要指標：
1. 價值觀：如果一個重視物質，一個重視心靈，婚後會衝突不斷
2. 興趣投合：兩個人相處時間變密切，就不會漸行漸遠
3. 雙方的家庭因素：不要找太複雜的家庭
4. 是否能溝通：個性不能固執，要有開放的心
5. 是否有不良惡習：注意對方有什麼「癮頭」是你不能接受的
6. 個性穩定：對情感比較忠誠

7. 願不願意一起成長：這點最重要，有成長才有光明的未來
8. 不情緒勒索、不輕易說決裂話：這會是一個災難

・年輕人談愛，重視感覺（浪漫最重要）
中年人談愛，重視性情（能不能相處）
老年人談愛，要求不多，有個伴就好

・每個人都渴望愛，不分年紀
曾經看過一部電影
六十歲的單身大叔說
好想找個人來愛
只要活在愛中
我的晚年就不寂寞了

・想要不費吹灰之力就得到愛

是很難成功的
要別人愛你只有一個方法
就是成為一個值得愛的人

・愛的本質很難定義
但激情不是愛，迷戀不是愛
這些都只是幻想，幻想只會帶來幻滅

・真正的愛
是兩人不斷成長
相互滋養的過程

・愛可以幫助一個人變成熟
而成熟的人更知如何相愛

・英國詩人白朗寧以一行詩
表達了幸福愛情的極致
「我將用畢生的呼吸、笑容和淚水
來愛你」

・祝福你有愛人的能力
也有被愛的福氣

關於失戀

如果你夠愛自己
看重自己
就可以找到力量活下去
別在一段不值的關係裡
耗費你的值得
別人傷害你
你要做的是為傷口敷藥
而不是再捅一刀

• 每場心碎，都是愛過的證明

• 人生無常，愛情也是無常
先有這個認知，失戀才不會太痛心

• 愛情這個東西，你不是得到，便是學到

• 如果你沒學到，就會再遇到

• 愛情是液體，想把它變成固體的人最辛苦

• 忘了哪個作家說過，談戀愛時像詩人，失戀時就像哲學家

• 如果你浪費青春、感情，在不愛你的人身上
不僅對不起自己

也可能錯過真正愛你的人

・相戀是可喜的
但苦戀肯定是作繭自縛
不戀棧、不戀戰
才能找回自己

・即使是孤單一人，也比在苦海中泅泳來得好

・不愛的理由很多
但不愛就不愛了
不一定是誰對誰錯
而是兩人無緣

・當他說愛你的時候是真心實意

當他說不愛你時也是真心實意

‧戀人離去時，你不斷自問：他為什麼不愛我了？
是我不好嗎？還是他變心了？
這個問題無解，只有兩個答案：
緣分結束了，或是你們非常不適合

‧將來你會發現
讓你撕心裂肺的那個人
最終只剩下一個名字

‧這世界，一定有一個人為你而存在
一定有一朵花為你而盛開
但如果你的心，被一個不恰當的人占據了位子
適合你的人就進不來

勇於拋開那個不愛你的人吧！

- 生命中所有你認為不好的事
都有它的正向意義，這是後來才明白
譬如你失戀了很痛苦
後來會感謝對方離開你，你才有機會認識對的人
或者你開始學習愛自己

- 別急著投入愛情
先當朋友觀察一段時間
就不會因錯愛而失戀，而懊悔

- 平常就要經營友情、親情，不能只依賴愛情
還要有自己的生活重心
愛情本就變化無常，不要把雞蛋都放在同一個籃子

- 有些關係是努力不來的
當一個人已對你失去溫度
再多的付出對他來說都是多餘

- 對於壞掉的感情
如果無法修復
就該掉頭就過
切勿歹戲拖棚
因為青春有限
尤其在一個男女不平等的社會
女人青春一過
身價很快貶值

- 失戀的確是一件很痛苦的事，但還是要找到力量支持自己你可以對自己說：「我實在很悲傷，但沒有他，我一定能活下去。」

• 如果你夠愛自己，看重自己，就可以找到力量活下去
所以要有意識的提昇自我價值感

• 提昇價值感的方法：
1. 欣賞自己的優點、長處，接納自己的不足
2. 多和正向的人相處，可以從他們得到肯定，而不是貶抑
3. 日常生活中累積小小的成功經驗
4. 每天做一件善事，提升正能量

• 為自己找到生存的意義和目標
比耗費在一段很糟的關係
來得好太多

・給天下所有被背叛的男人、女人：
如果屬於你的，誰都搶不走
如果不屬於你的，遲早都會離開，現在只是暫時借用而已

・分手的傷心是你的，但曾經擁有的幸福快樂也是你的
因失戀而成長的人格也是你的

・當失去成為一種必須
有的人從此消沉
有的人卻浴火重生
真的是「性格決定命運」

・有時，我們必須逆向思考，日子才過得下去
如失戀或離婚或喪偶，哀傷是好的，代表我們曾經愛過
生命不蒼白

- 每個女人這一生都可能要親錯幾次青蛙，才能找到王子
- 也可能一生都找不到王子，妳就是自己的王子與公主
- 真正愛過的人終究是賺到了，即使曲終人散也有回憶
- 我常覺得失去未必是一件壞事
因為不適合你的人走了，不是真正愛你的人走了
也許這是老天對你的慈悲
- 渣男對女人最大的貢獻
就是讓女人壯大心靈，鍛鍊獨立，靠自己過日子
- 別人傷害你，你要做的是為傷口敷藥，而不是再捅一刀

• 過去的女人只會在男人身上做夢
現在的女人已經學會在自己身上做夢

• 最空虛的女人，就是永遠在等待一個拯救自己的王子

• 如果情愛無緣了，還想要愛，一定會碰到種種不如意
把自尊心弄得千瘡百孔

• 把自己的身心照顧好
才是對自己人生負責的態度

• 別為了一棵樹，放棄了整片森林
這世上還有其他的男人（或女人）可以選擇

- 別在一段不值的關係裡
  耗費你的值得
- 如果你認為你一定要有一個伴侶才能完整
  那你就失去力量了
- 奧斯卡影后楊紫瓊說
  「我不會等人送花
  我會為自己買束花」
- 餵養心靈的不只是愛情
  還有親情、友情、興趣、才華、夢想
- 每個相愛的開始，都不應是相恨的結局
  因為愛比恨更有價值

- 怨恨，傷不了對方一根寒毛
卻使你的日子變成地獄
- 所有的愛，都是完成自己的成長
- 我們的一生是實踐自己愛自己的一生
而不是強求別人愛自己的一生

關於婚姻與外遇

這世界沒有最安全的伴侶
因為所有的安全感都來自於自己

沒有完美的婚姻
只有努力的婚姻

一段可以支持下去的婚姻
需要兩個善於原諒的人

・如果愛情是棵大樹，婚姻是大樹所結出的果實
那果實的成熟，是甜美多汁還是意味著步向腐朽，化為塵土？

・有時，婚姻是愛的港灣；有時，婚姻是愛的殺手

・你想像的愛情或婚姻
和你真正認清的愛情或婚姻
是完全不相干的事

・你想找個人遮風擋雨
沒想到風雨都是那人帶來的

・婚前主動打電話的往往是男生
婚後主動打電話的往往是女生

• 有人結婚是戀愛的爬坡路
有人結婚是戀愛的下坡路
大部份人屬於後者

• 戀愛與婚姻最大的區別是什麼？
前者是浪漫，後者是現實

• 浪漫是腦中荷爾蒙作祟
現實就是腦袋恢復正常運作

• 很多人之所以成不了好夫妻
不是因為他們不好
而是因為他們非常不適合

• 婚姻不是賭注，婚姻應是感情與理智一起牽手的決定

可惜一般人決定結婚時，只憑著滿腔的熱情
這就是後來婚姻悲劇形成的原因

- 為什麼那人婚前那麼可愛
婚後那麼可惡？
那是因為婚前那人是自己幻想的投射
這叫情人眼中出西施
婚後每天生活在一起
看到彼此真實的全貌
才發現你心中的王子和公主
不過是凡夫俗子、俗女
該有的缺點一條也沒少

- 心理學研究出兩人通常是個性相反容易互相吸引
如一個活潑，一個內向

一個獨立，一個依賴
一個強勢，一個配合
一個急躁，一個淡定
一個喜歡講話，一個樂於傾聽
一個自我中心，一個犧牲奉獻

• 這種互補特質的吸引力
剛開始是彌補自己內在的匱乏
相處久了，就會開始產生矛盾
一向願意配合的人，開始對對方的強勢感到不滿
一向樂於傾聽的人，開始嫌對方話太多
性急的人，覺得對方做事沒效率

• 愛到乏味，是許多人必經的路程
如何讓愛復活

需要重新創造

- 有婚無愛
如果不努力
就等著變灰燼

- 婚姻，也許可以相處到老
但難以恩愛到老

- 越是帶著夢想，以為自己嫁給王子的女性
婚後失望程度越高

- 很多人結婚不是在找丈夫、妻子
而是在找爸爸、媽媽
如果妳童年缺乏父親的愛

妳就想在婚姻關係裡彌補這個缺憾
把這期待投射到妳的伴侶身上
可是他卻承擔不起妳的期待
或他不想當妳的爸爸

- 把自己照顧得越好
對伴侶的要求抱怨就越少

- 一個人缺乏自信與安全感，常會用佔有及控制把愛人留在身邊
但控制和佔有只會讓愛人離你更遠

- 如果你必須犧牲自己、委屈自己以獲取愛的話
那種愛不是你真正要的
因為「會痛的，不是愛」

- 人想依賴愛情與婚姻，從中獲得長久的幸福是不易的
幸福必須建立在自己身上

- 結了婚的人，最難保住愛情
維持幸福比獲得幸福更不容易

- 如果只憑一紙結婚證書而不經營關係
那麼婚姻就是愛情的墳墓

- 可以同偕白首的伴侶
關鍵不在他們有多契合
而在他們如何處理兩人的不契合

- 幸福的婚姻
影響的不只是你個人的人生

更多是一個家庭的未來（如果有孩子）

- 婚姻的經營哲學，每人不同，別人的不一定適合自己
但有一準則四海通用
就是儘量去看對方的好和付出，去讚美和感謝

- 婚姻是一條很長的路，不是每個人都有力氣走到終點
也不是每個人都有福氣執子之手，與子偕老
如果把婚姻當事業來經營，才可能享有和諧終老的福氣

- 吵架代表還在乎彼此
最怕的是冷漠

- 吵架未必不好，建設性的吵架可以促進彼此更了解
平常壓抑的感受藉由吵架表達出來

• 吵架五原則：

1. 就事論事
2. 不人身攻擊
3. 不翻舊帳
4. 不批評對方家人
5. 不說負氣話、決裂的話

• 婚姻，應該是一個學習愛的地方
可是太多婚姻看不到愛
只看到互相指責

• 婚姻裡相處得好
就要學習忍功
我忍他，他忍我，很公平

•婚姻令人老
戀愛使人年輕
對大多數的人是這樣的

•如果你是個無趣的人
就會有無趣的婚姻

•女人步入婚姻
不是為老公煩惱，或為孩子擔憂
這樣的結果就會失去自己
失去自我的人不但不快樂
而且勞心勞力的結果
會使妳看起來蒼老，沒有魅力

• 婚姻是人生的最大賭注
不到最後關頭，誰都不知道結果
現在好，將來不一定好；
現在壞，將來也不一定壞
人心變了，關係就會變

• 如果靈魂上一直無法再進一步
夫妻關係就會走向疲乏的下坡路

• 當兩個人的形體很近，心卻很遠的時候
就要去探索、覺察發生什麼事
及時溝通、及時改善、及時彌補，才能及時挽回愛

• 婚姻有四種：
可惡的婚姻、可忍的婚姻、可過的婚姻，和可愛的婚姻

可惡的當斷捨
可忍的當修行
可過的算不錯
可愛的一定要珍惜！

・甜蜜又溫馨的是婚姻
痛苦又麻煩的也是婚姻
前者讓我們享受
後者讓我們成長

・友情、義情、恩情
才是夫妻感情長壽的滋養
當浪漫的愛自然消退時
如果能昇華成配偶的知己
這樣的婚姻的體質最強

・面臨婚姻的苦
你要選擇一生抱怨
還是選擇逃跑（離婚）
或者你可以走上自我成長的道路
你的成長，會讓彼此的關係有了鬆動

・婚姻是共構出來的
只要有一個人改變
關係也會跟著變

・如果你很想婚，卻一直找不到對象
心中充滿孤寂和不安
那我要告訴你
婚姻不是人生必需品

把自己活得充實精彩
才是人生重要目標
也唯有如此，才能放鬆焦慮

・有沒有伴侶不可強求
最重要的是你要盡最大的努力
讓自己幸福

・婚姻不是1＋1＝2，而是0.5＋0.5＝1
就是兩人削去一半的自我，才能長久
可惜很多人太自我中心
才造成婚姻的衝突和決裂

・夫妻常是這樣
一方特別能幹負責

另一方就負責不起來

・一個即將結婚的學生問我：
夫妻吵架在所難免，要如何處理這樣的狀況，不要讓衝突變得更嚴重？
我說：把握兩個原則就好
一、少講一句話，這是智慧
二、最後一句狠話留給別人，這是厚道

・如果再學會講這兩句話更好：
我不一定是對的
你說得有道理

・每個人都渴望有個好伴侶
那就先把自己變成一個好伴侶

• 第一段婚姻沒學到智慧
第二段婚姻也不會成功

• 男人最需要的是價值感
女人最需要的是安全感

• 最讓女人崩潰的一句話是，男人說我不愛妳了
最讓男人崩潰的一句話是，女人說你沒用

• 婚姻給人歸屬，也給人磨難
從親到疏，從甜到苦，從熱到冷
如果你在努力過後
得到的是失落
你不如回過頭來好好愛自己

- 不讓自己被踐踏
才能確保自己不去踐踏別人
- 許多夫妻長期停留在攻擊與防衛的模式中
沒有勇氣表達內在最柔軟的需求
就是缺乏示弱的勇氣
使兩個人像刺蝟
- 在伴侶關係中常看到一種狀態
受不了他，又離不開他
一輩子就這樣混過去
這是常見的婚姻型態
- 以前的人講天長地久
現代的人在看誰撐得久

・我向來主張越晚婚越好
年紀大一點，人格成熟一點
比較能處理婚姻中種種的難題
怕的是智慧沒有隨著歲月而增長
晚婚也沒用

・男人都渴望紅粉知己
女人未嘗不是尋覓心靈伴侶
顯然男女都覺得生活不只需要一個伴而已
最好這個伴還是個可以談心、相知的人
所以男女都要學習什麼是「真誠柔軟的交流」
男人不只是賺錢養家，女人不只是賢慧持家

・一場能觸及心靈的對話

一定要具備四元素：

1. 傾聽彼此真實的需要
2. 創造安全、放心的溝通氛圍
3. 彼此有回應，給出同理與支持
4. 共同承諾創造有品質的關係

- 當我們敢於脆弱相對
承認彼此的渴望
而不覺羞恥
就可以聯盟對付婚姻這個難題

- 根據美國婚姻大師John Gottman的研究，破壞關係的四大因素：

1. 批評
2. 鄙視
3. 防衛

4. 拒絕回應

- 婚姻沒有所謂成功或失敗
一切都是體驗和學習
- 夫妻婚前是情人，婚後是家人？
這是個警訊，有婚無愛，給了外遇機會
- 如果婚姻的體質不錯
外遇就動搖不了
- 婚外情的原因有很多種
但脫離不了兩個元素
就是夫妻關係已進入死水
或是嫁給花心男

• 通常小三撐不久
如果她很想扶正
而她的男人只想偷吃

• 外遇暴露的婚姻，命運會如何？
取決於兩人還要不要這個家
如果要，要如何修復？
兩人一起找伴侶諮商很重要
如果回不了頭，決定要離，如何將對孩子的傷害減到最低？

• 絕對不要拉攏孩子一起對付伴侶

• 一段可以走下去的婚姻
需要兩個善於原諒的人

・當你選擇原諒
雖然改變不了過去
但是你已改變了現在與未來

・面對伴侶出軌，還不想離婚的女人有幾種：
1. 她還是愛他
2. 她不甘心，不願成全
3. 她無法獨立（經濟、情感、人格）
4. 為了面子
5. 為了孩子
6. 財產、贍養費談不攏
7. 對方道歉認錯，回歸家庭

・外遇者的五種模式：

1. 受害者心態：都是你對我不好
2. 認罪者心態：我錯了，我一定改
3. 逃避者心態：不表達立場，讓元配和小三競爭
看誰對自己最好，就選擇誰
4. 貪婪者心態：兩個都要，誰無法忍受誰就自己離開
5. 理智者心態：我們的婚姻出問題了，我們需要好好面對、溝通

• 受害者、貪婪者、逃避者，統稱渣男

• 這世界沒有最安全的伴侶
因為所有的安全感都來自於自己

• 給女人：
先成為一個人，再成為一個女人
妳不是配偶的「另一半」

妳是獨立完整的一個人
所以妳就不會把安全感、幸福感
都交付給男人

・如果妳把「絕對忠誠」看得無比重要
那妳就給婚姻埋下了一顆不定時炸彈

・如果妳在婚姻中完全不打扮
邋遢又發福
像一朵枯萎或快枯萎的花
剛好他的生命中有鮮花出現，香氣醉人
他能不受勾引嗎？

・人生無常，情愛也無常
女人最重要的就是壯大自己的心靈

鍛鍊自己的獨立
適度打扮自己，不當黃臉婆
好好愛自己，看重自己
妳就不怕被棄、被劈、被甩
因為妳是自己的靠山

- 一個女人的成長，常常從背棄童話開始
一個女人的成功，則是創造了自己的童話

- 世上很多事情可能徒勞無功
像愛情，像婚姻
但還是值得拼搏一下
因為這是人生重要體驗與學習
豐富你的生命

・沒有完美的婚姻
只有努力的婚姻

・結婚離婚都值得祝福
都象徵新的開始

・如果我們不把婚姻做為幸福的主要來源
以淚水收場的婚姻就比較少

・生命短暫，別將時間浪費在爭吵、道歉、傷心、指責
及時去愛吧，哪怕只有一瞬間，也不要辜負

・現代有越來越多年輕人不願進入婚姻，原因如下：
1. 家庭太溫暖，使人不想踏出舒適圈
2. 父母感情不好，孩子沒有信心經營一段長久的關係

3. 社會離婚率太高，令人害怕
4. 現代女性經濟獨立，不需要一張長期飯票
5. 沒有遇見對的人，又不想委曲求全
6. 戀情總是破碎，沒有結果

- 心理學家研究愛情、婚姻幸福的重要指標之一是雙方願意「自我揭露」（self-disclosure）願意以真我互相連結

關於年紀

天下的男人女人都在乎年紀
無論你多想留住青春
歲月總是小偷

青春無關年齡
青春是未得到某種東西的心理狀態
於是形成渴望、形成憧憬、形成各種可能性

不管你幾歲，只要你覺得自己可愛，值得被愛
你當然可以追求愛

- 心不老、熱情不老
就可以永保青春，永保赤子
- 有自己的人生目標，繼續前進，也會讓人永保青春
不知老之將至也
- 人入中年，少了青春的飛揚天真
但多了豐富的人生歷練
是個有精采故事的人
- 如果照鏡子看到自己變老
要記得馬克吐溫說的
「皺紋只是告訴你這裡曾經有過笑容」
- 米開朗基羅說：「純真的女性老得慢。」

嗯，我同意，但我還要加一句
智慧的女人不怕老，越老越有魅力

• 有些老人還算健康硬朗
但思想守舊落伍，倚老賣老，心靈封閉、言論八股、個性頑固
讓人避之唯恐不及

• 如果有一顆開放，求知的心
就不是老態畢露，而是老當益壯

• 一個學生問我「四十歲才來上妳的成長課，會不會太晚？」
一點都不晚，學習、成長，發揮潛力，別被年齡絆倒

• 潛能開發心理學家說，人從出生到死亡，潛力只開發三～七％
所以每個人不應該只是現在的樣子

「活到老，學到老」真是一句真理！

・榮格說

「每個人都有兩次生命

第一次是活給別人看

第二次是活給自己看

四十歲是轉捩點」

・你的前半輩子也許活在別人的眼光裡

你的後半輩子要還給自己，追尋自己想要的人生

・年輕時我佩服聰明或有才華的人

隨著年紀的增長

我佩服的是仁慈寬厚的人

· 人老未必珠黃
春殘也有花開
心靈所散發之美
歲月不敗

· 人隨著年紀的增長，就要活得從容，有點格調
吃飯懂得慢慢品嚐
走路懂得欣賞街景
感情懂得細水長流
不再疲於奔命、不再衝動盲目、不再滿臉欲望

· 青春無關年齡，青春是未得到某種東西的心理狀態
於是形成渴望、形成憧憬、形成各種可能性

· 青春，不是決定於身分證上的年齡

如果你還有夢，還在追夢
如果你的熱情多於恐懼、好奇多於論斷
冒險多於守成、提問多於回答、做事多於坐擁財富
那就是你還很年輕

・天下的男人女人都在乎年紀
無論你多想留住青春
歲月總是小偷

・存在主義哲學家卡謬說
「一個人活到四十歲，就要為自己容貌負責」
因為到那個年紀，我們會長成甚麼樣子，跟自己的內在修為很有關係

・朋友問我
為甚麼年紀大的女人承認需要愛情

就被認為有問題
我說一個女人只要還相信愛情
她就不會衰老

・不管你幾歲，只要你覺得自己可愛，值得被愛
你當然可以追求愛

・作家楊絳說
「到了一個年齡，必須扔掉四樣東西
1. 沒意義的飯局酒局
2. 不愛你的人
3. 虛假的人際關係
4. 用不到的雜物」

・歲月教會我們的三件事

- 創造美好回憶，不要回首起來，滿目瘡痍
- 珍惜對的人，遠離有害的人
- 一定要有一個相伴到老的興趣
就是你到五十歲、七十歲還可以做的

關於成長

人生沒有完美
每人都在犯錯中學習、成長

正在經歷的痛苦，稱為掙扎
經過那些痛苦之後，叫做成長

我們曾經是那個受傷的人
也同時是那個可以勇敢活下來的人

- 認識自己是成長的開始，也是所有問題的解答

- 老子《道德經》

  「知人者智，自知者明」

- 怪罪別人很容易

  卻無助於生命的成長

- 有些缺點無傷大雅，但有些則是致命傷

  人的一生，常常敗在自己個性的某一兩點致命傷上

  只要在這裡下功夫修正，你的人生就會變得輕易順暢

  常常檢視自己的主要弱點是否帶來壞運，或壞關係

- 逆境來了，我們開始反省

  這個逆境就對我們有了幫助

  智慧是從反省開始

• 失敗，可以看清自己，有了成長的機會
低潮，可以擁抱自己，學習撫慰的能力
恐懼，可以祈禱，親近老天的愛和恩典
這一切都教我們，如何在黑暗中找光

• 成功的另一種定義
承認失敗
接受失敗
反省失敗

• 傳統的男人常否定自己的脆弱和需求
壯大自己去混江湖
女人則否定自己的能力與獨立
依賴別人給的安全感與歸屬感

所以兩性最好的面貌是
女人教男人學會柔軟
男人教女人學會強大

‧我相信每一個創傷都有復原的種子
如果一個人能從極痛極失意中走出來
他會變得更有勇氣與力量
痛苦使人重生
如果你善用它，就不是白白痛一場

‧世間事總有無情時
總要自己熬過、煉過，才活得下來
熬煉，讓我們的心靈肌肉練得更強壯

‧如果傷害沒有把你擊倒

你就能在淚水中淬煉成長

•只有真正承認、面對自己所受的傷
並為這個傷反省自己該負的責任
才能轉悲為悟、轉恨為恕

•自省之後要有一個覺悟和決心，再加上行動力
才可以達到真正的改變

•人生的成敗真的很難講
什麼是成，甚麼是敗
人如果能在敗中醒悟
累積智慧，這也是一種成啊
怕的是重蹈覆轍

・成功的背後是認錯和挺過挫折

・一路走來，如果善用你的人生經驗
就會累積智慧，你會發現前面的路越走越寬，看問題的角度越多

・你最需要的老師
就是日常生活上和你親近相處的人

・正在經歷的痛苦，稱為掙扎
經過那些痛苦之後，叫做成長

・你如何如實的看待自己
比別人如何看待你重要
心理學叫做「自我認同」

・你的自我認同是好或壞
決定於你的自我價值感

・父母沒給你的肯定
你要靠自己補回來

・從學習的觀點來看
根本沒有所謂的失敗
事情沒成功沒關係
但一定要成長

・我們以為逃避問題、逃避痛苦，就是對自己好
但如果一直逃避下去
最後會發現，你逃掉的是自己的人生

・我們如果不鼓起勇氣解決問題，遲早會被問題解決掉

・修復生命損害，是一個巨大的工程，卻也喚起我們內在的力量
不管痛苦的特質與強度如何
我們還是可以發現療傷止痛的可能
這就是心理治療存在的必要

・心理治療的目的
不是讓你立刻獲得幸福
而是在心理師的陪伴下，面對痛苦、釋放情緒
並找回力量疼惜自己，為困境找出路

・如果我們把自我支持的力量投射到別人身上
渴望別人來支持我們，卻又得不到，就會很孤單無助
所以最好是把力量拿回來支持自己、滋養自己

• 如果你能消化人生的痛苦，學到東西
就會繼續活下去
而且活得比以前更好

• 一個人至少要有一個夢想或一個理由
支撐自己活下去

• 不要當受害者、拯救者、加害者
而是成為責任者
各人的生命議題各自負責
這就是阿德勒說的「課題分離」

• 從心理學觀點來看
六歲以前都是以自我為中心

如果沒有隨著年齡成長使自己心理成熟
這一輩子都是自我中心
沒有長大，這叫「巨嬰」

・當一個人習慣把責任推給別人
其實就是宣布：我是嬰兒
因為只有嬰兒可以不用承擔責任

・你有拯救者情結嗎？
不要搶別人的人生考卷來寫
每個人都有自己的功課要學習
完成生命的成長
我們可以助人一把
但不要承擔他的問題

- 我們賴以生存的人生觀
常以破壞的方式傷害我們
比如受害者情結「如果不是環境、如果不是某人，生活就會很美好」
這些看法會使人習得無助感，變得毫無力量
唯有負起責任，拿回主權
重新詮釋發生不幸事件的背後意義為何，對自己的幫助是什麼
我們就可改寫生命的腳本
說一個不同的故事，一個有力量，可以自我負責的故事

- 我們怎麼說話，怎麼思考
正在創造我們的人生
保持覺察力是必要的鍛鍊

- 原來，人生走這一遭，不是來「擁有」甚麼
而是來「體驗」甚麼

• 如果我們對所受的痛苦隱藏意義，一無所知
那麼我們對喜悅與成功，也毫無所感

• 日子越過，越覺得「放棄」是很好用的人生智慧
沒錯，放棄很難
因為我們都執著
但過多的包袱讓我們只會折磨自己
所以要學放棄
放棄過度努力
放棄別人的評價
放棄不愛我們的人
放棄不快樂的工作
放棄討好別人
放棄有毒的關係

放棄囤積症
放棄之後
人生變輕鬆

- 大多數的關係，如愛情、婚姻
都不見得維繫終身，卻絕對有助於個人成長
前提是你願意把各種關係當成生命學習的課題

- 真正的強大，不是無堅不摧
而是有勇氣成為一個真實的人
接納自己的不足與脆弱
如此不完美
卻是有血有肉有感情之人

- 人生沒有完美

每人都在犯錯中學習、成長
不要苛責自己，更不要苛責你的孩子

• 完美主義就是失敗主義
因為這世上沒有完美的人、完美的事

• 人生不是追求完美，而是接納不完美
拜託天下的父母放過孩子
老師放過學生
伴侶放過另一半

• 太多學生跟我說感情被騙
婚姻上當
錢借出去拿不回
幫人作保下場很慘

被同事中傷，被朋友出賣
聽到這些事，我都會問你是不是過度相信人性，所以覺得很懊悔？
他們都無奈的點頭
根據哈佛、耶魯大學長期的實驗及調查研究
大量的數據顯示人性不是二分法，非善即惡，而是大部份的人善惡都有
這些心理學家的研究
指出人性有百分之二十善
百分之二十惡
百分之六十中間騎牆派，時惡時善
所以不要對人性有錯誤的假設
你就會適當的保護自己

• 常說負面話，會形成強壯的神經迴絡
久了成為個性，不易改變

・美國正向心理學家 Martin Seligman 的研究顯示
每一句負面言語，需要七句正向言語來平衡
所以要多覺察自己的言語會不會傷人，破壞關係

・每個人都有失敗的權利
這是最好的學習

・把所有的痛苦都留在過去
你只要往前走
就有新的風景出現

・人往往透過失去
而得到成長

・自我成長的課題之一

是必須揭露自己最脆弱的一面
鼓起勇氣面對真實的自己
不必用光明正向來包裝自己
內在的傷，才有療癒的可能

・走上自我療傷的道路
尤其是童年的傷
一定有助於破碎重生
你可以選擇上成長課
也可進行一對一諮商
或是閱讀心理治療的書籍

・阿德勒說
「不論遺傳和環境都無法限制一個人，每個人都有他的自主性」
這叫自我決定論

不同於佛洛伊德的因果論（佛洛伊德說六歲定終身）

・榮格說

「每個人都有光與暗兩面

一個人越轉向光明

他內在的陰暗面（shadow）就越大

陰暗面，就是你不願意承認的弱點和缺憾

唯有接納它們的存在

你才是一個完整的人」

・榮格說

「與其做一個好人

我寧願成為一個完整的人」

・當你有勇氣深入自己的內在，探索不完美的故事

就會發現所有不堪的背後，都是從童年開始累積的匱乏感
每個人渴望被愛、被了解、被接納、被肯定
如果你能看到這個脈絡，你就足以用愛來擁抱自己

- 我們曾經是那個受傷的人
也同時是那個可以勇敢活下來的人
以長出力量的你
去拯救過去無助的你

- 家族治療大師薩提爾說
「真正的強大
不是套在你身上的光環
而是有勇氣呈現真真實實的你

真正的強大
不是我們把自己藏得有多深
而是勇於探索與面對內心的陰暗面

真正的強大
不是我們從來沒有眼淚
而是流著淚還能堅定前行」

關於關係

改變別人的有效方法是改變自己
因為關係是共構出來的

我幫你，你幫我
人生很多困難就這樣過去了

主動說對不起真的很難
但真的很有效

• 客體關係學派認為

人際與親密關係，是人類幸福的主要來源

所以建立良好的關係就變成人生很重要的學習

• 阿德勒也說

你必須學會與人分享與交流才會有幸福

他提出人有「社會興趣」的需求

• 改變別人的有效方法是改變自己

因為關係是共構出來的

• 先解決自己的個性問題

再來談關係

• 緩於發怒

敏於寬恕
勇於道歉
常懷感恩

- 如果沒有跟一個人真實的互動過
就不要輕率的判斷
所有的流言是非都是說不準的
而且一個人本就很多面向
真正了解一個人並不容易

- 我們以為的感受，不一定是真實感受
那是第一時間的感受
我們需要對自己做功課
認識自己的恐懼、面子、好勝
及各種心理防衛

才有能力對別人說最真實的話

- 坦承需要、避免指責、具體敘述事件
表達真實感受與期待
這都是溝通的心法

- 溝通心法之二，能開放心胸、傾聽他人
並以同理心接住對方的情緒
他被了解後，就願意聽你說話

- 同理心就是感同身受，將心比心
設身處地，換位思考

- 同理心就是「我懂你」

・同理心，可以快速拉近彼此的心靈距離

・一份真正可信賴的關係，是可以互相表達真實感受
「你可以不同意我，但請傾聽我」
唯有真正的傾聽，才能化解彼此的誤會與衝突

・你可以對我生氣，但請保持與我接觸，不要關上心門

・化解誤會要主動、誠懇、明快
誤會，才不會像滾雪球，越滾越大

・吵架不講決裂話，分手不形同陌路
留個情份和厚道，是每個人一生的修為

・做父母要學習認錯（親子關係）

做伴侶要學習柔軟（伴侶關係）
做朋友要學習寬大（人際關係）

- 親密關係最難，卻是最好的修行
親密關係是一面鏡子，照見我們內在的匱乏、渴望和陳年舊傷

- 解決雙方衝突最好的方式是溝通
溝通中最重要的不只是表達，而是傾聽
但，光是傾聽還不夠，還要「積極」傾聽
就是有回應並給予同理
整個溝通的關鍵在於同理心，有了同理心，衝突就容易解決了

- 只有受過傷的人
才能真正同理別人的傷
這就是以生命同理生命

- 每個人這一生應有兩本存摺，一本是銀行帳戶，一本是人際存款
後者又比前者重要
- 人際存款又稱情感存款：
多對人主動表達問候、關心、讚美、肯定、同理、鼓勵、感謝、道歉、祝福
- 人際存款越豐富，你的關係就越好，貴人就越多
- 每次的衝突都是提款，衝突過後要記得存款
- 我幫你，你幫我
人生很多困難就這樣過去了
- 如何知道誰值得交往

只要看你跟他在一起後
變成什麼樣的人

・了解一個人，不是聽他的語言，而是看他的行為
太會說話或太容易承諾的人，需要觀察

・人與人最可貴的感情
不在於認識時間的長短
而是在情感交流的剎那
是絕對的真誠

・做人不要做絕
留給他人、自己一個餘地

・美好的緣份不是來自隨緣

而是來自珍惜和灌溉

・對人好不需要理由
心甘情願就好

・如果你的眼睛
都在看自己的缺點，你會活得很自卑
如果都看別人的缺點，你會活得很批判

・很少人在包容
很多人在忍耐
前者是心胸寬大
後者是壓抑很多情緒
久了就會爆發

・如果你吵架都要吵贏
如果你總要證明自己是對的
那你就輸了愛和關係

・我執，是所有關係的障礙
只有放下自我中心的那天，才能開始真正的愛人

・在溝通裡，傾聽比表達重要
海明威說過
「我們花了兩年學說話
卻要花六十年學閉嘴」

・定期丟掉無用的社交關係
你會活得更高級

• 一切的紛爭都會成過眼雲煙
別執著它，專注在這一刻

• 只要有人的地方就有是非
無愧於心就好

• 遠離負面人格
心情就不受影響

• 人性有欺善怕惡的部份
所以別活得太卑微

• 當斷不斷，反受其亂
人與人之間不管什麼關係
只要有毒，就要當機立斷

・跟著蜜蜂會找到花朵
跟著蒼蠅會找到廁所
所以要找誰當朋友或當伴侶
真的要多一點覺察

・唯有自己變厲害
才能交到厲害的朋友

・每個人都渴望把孤獨的「我」成為「我們」
這就是建立情感聯結的重要

・誰在乎你
誰就是你的家人
誰願意給你愛

誰就是你的親人
這一切與血緣無關

・良言一句三冬暖，惡語傷人六月寒

・禍從口出，人與人的關係的開始，決定在嘴巴
不要一出口就是傷人的話

・語言可以傷害、毀滅一個人
也可激勵、造就一個人
語言是有力量的，改變你的說話方式，就能改變關係

・主動說對不起真的很難
但真的很有效

- 重要的不是你有多少朋友
  而是，你是多少人的朋友

- 人與人的關係常看到這樣
  別人對自己的好當做理所當然
  別人的付出不如自己的期待
  則失望怨懟
  占了便宜，很快就忘記
  吃了虧，耿耿於懷

- 記仇只會折磨自己
  原諒他人，就是對自己慈悲

- 給別人留點尊嚴
  給自己留點厚道

・活著儘量修補關係，死時則無憾

・創造好人緣的方法
看人長處
幫人難處
記人好處

・人們也許會忘記你說過的話
你做過的事
但他們絕不會忘記你給他們的感受

・人這一生一定要交幾個知心朋友
這是你最好的人際支持系統

尤其在你孤單寂寞或陷入低潮
有人可以陪伴你

- 好關係是人生的保護傘
也是避風港
重點是你平常就要經營

關於親子

孩子是人間的天使，有了他們，這世界才有純真
大人通常世故複雜，孩子是我們的老師
不只要做衣食父母，還要做心靈父母
被真正愛過的孩子
長大後會很自然地去愛人
因為他明白愛是什麼

・孩子是人間的天使，有了他們，這世界才有純真
大人通常世故複雜，孩子是我們的老師

・如果你一直要孩子聽話
不允許他有自己的想法、行動
等於剪斷他的翅膀
他長大後要如何飛翔

・接納孩子的不完美
完美主義最會帶給自己及孩子壓力，破壞親子關係
允許孩子在犯錯中學習

・尊重每個孩子的獨特性，不要拿他跟別人比較

・幫助孩子培養自尊自信，就不怕他會誤入歧途

• 指責孩子時，只能就事論事，不能語出羞辱、貶抑
孩子的自尊一旦受傷，只會更自暴自棄

• 每天至少抽出十五分鐘與孩子談心，拉近彼此的距離，建立親密關係
談心時練習傾聽、同理、不插嘴、不說教

• 一般父母會關心孩子的健康和學業
卻很少關心他的心靈層面（情緒、感受、想法），造成親子隔閡
也會造成孩子不感恩、不領情
因為他覺得「父母都不了解我！他們只在乎他們的期待。」

• 不只要做衣食父母，還要做心靈父母

• 很多父母教孩子要認真讀書

卻忽略教他們對人善良，對世界有愛

• 孩子的品德比學業重要
價值觀比成績重要
ＥＱ比ＩＱ重要

• 不要讓孩子的成績等於父母的愛

• 當孩子是 baby 時，我們喜愛他的純真可愛，像個小天使
我們對他沒有任何期待，只要他健康平安就好
隨著孩子的成長，我們對他開始有越來越多的期待和要求
為什麼我們給孩子這麼多壓力
讓他失去了天真無憂的笑容

• 讓孩子在愛中成長，不是在批評中成長

- 不停責罵，只會把孩子的自信自尊都罵光
- 及時的讚美或鼓勵，是孩子持續前進的動力
- 嘴巴不好，脾氣不好的父母
不要說你很愛小孩
- 從小被過度管教的孩子容易「偽裝順從」
長大後就會養成「表裡不一致」的習性
- 沒有問題孩子，只有問題家庭
- 沒有壞孩子，只有受傷的孩子

- 精神官能症的問題（如憂鬱、焦慮、恐慌、強迫）
與早年親子關係不圓滿有關

- 所有小孩從出生到成長
都需要大人的尊重、保護、理解、關注
這些統稱為「愛」

- 被真正愛過的孩子
長大後會很自然地去愛人
因他明白愛是什麼

- 父母要注意自己的言教身教，尤其身教又比言教重要
因為孩子通常不聽父母說什麼，但是他們會看父母做什麼

- 有些父母寡言木訥或讀書不多，不會對孩子說出什麼做人的道理

但是他們待人誠懇善良，做事勤奮踏實，對孩子和顏悅色
這本身就是很好的身教

- 兒童會複製父母的行為
你怎麼對待他，他就怎麼對待別人

- 大部份的父母
都希望孩子成功，不是快樂

- 不要小看你的孩子
文學家卡夫卡曾被父親視為寄生蟲
後來他的作品成為世界文化資產
佛洛伊德七歲尿床，被父親罵沒用
後來他成為心理學始祖，創立「精神分析」學派

- 擁抱是很重要的情感連結
  尤其孩子最需要擁抱
  不管他幾歲
- 不是孩子有問題
  而是教養方式出了問題
- 所有孩子一輩子渴望的，其實很簡單，就是父母的肯定與祝福
  很可惜，大多數的父母給的是懷疑與擔心，甚至詛咒
- 有太多的研究證實
  幼時不被愛的孩子
  長大後不但自卑、情緒不穩、缺乏安全感、無價值感
  還會形成各種上癮症
  而且會造成生理與心理的疾病

如肥胖、過敏、慢性病、憂鬱症、焦慮症、暴食症、自殺傾向，甚至癌症

- 每個孩子最害怕的就是被父母拋棄
所以他們學會拋棄自己真實的感受，來符合父母的期待
如此他們就會發展出一個「假我」

- 允許孩子成為一個真實的人
提供一個安全的環境
讓他可以表達所有的感受與情緒

- 一個表裡一致真實的人
就是心理健康的人

- 童年創傷涵蓋了
1. 言語暴力

2. 肢體暴力

3. 疏忽與冷漠

- 不要給孩子一個創傷的童年，會造成他一輩子的陰影
- 沒有人在完美的家庭中長大
  但是童年負面經驗越多的人
  成年發生身心健康問題的比例越高
- 了解童年創傷的嚴重
  你就能為他提供正向滋養的成長環境
- 你給孩子什麼樣的家庭
  他將來就會成為什麼樣的人

- 心理學家研究，從小在打罵中成長的孩子會變笨，而且注意力不集中
- 受暴者常有自我否定、低自尊的心理狀態
以後也可能成為加暴者
- 父母五型：說教型、情緒型、溺愛型、忽略型、恰如其份型
- 父母親的責任不是改變孩子，而是改變自己
- 父母常看孩子錯在哪裡
卻不看孩子對在哪裡
- 讓孩子感受到父母的溫度
而不是一味的要求、期待、操控

・以愛之名，行控制之實
這是很多家庭的戲碼
想想自己是否就有這樣的成長經驗

・一個孩子不應該因為不完美而被父母批判
因為父母也不完美

・沒有人是完美的
你不用當完美的父母
只要當一個會反省的父母就好

・父母最需要給孩子安全感與自信
不要對孩子講負面的話
如果你說了一句
就要以七句正向的話補回來

- 母親是兒時提供愛的來源
  父親則是提供力量的來源
- 父親是孩子認識這個世界的窗口
  母親是孩子認識自己情感的路徑
- 讓孩子發揮天賦，做他喜歡的事
  鼓勵他堅持到底，就會成功
  這種成功才能為孩子帶來真正的快樂
- 不要讓孩子滿足你未完成的夢想
  尊重他是獨立的生命
  你的夢想要自己去完成

・父母送給孩子一生最好的禮物
就是無條件的愛
以及成為他們的榜樣

・想成為父母的人
要先療癒自己童年的創傷
修補內心的洞
才不會複製到下一代
造成代代相傳的悲劇

・波蘭兒童心理學家愛麗絲・米勒寫的
《幸福童年的秘密》、《身體不說謊》
是所有做父母的人的參考書

關於命運

性格決定命運
覺察你的性格敗在哪一點致命傷
自我預言會成真
注意你說話是在創造光輝的未來，或糟糕的未來
下定決心成為新的自己
然後堅信那個重生的人，將脫離不幸和悲劇

• 人是有慣性的
預測未來行為的最好指標
就是過去行為
因為沒有覺知與改變
一定會重蹈覆轍
這就成為宿命

• 命運這個東西，三成決定在天，七成決定在人

• 想要命運有所改變，先要改變你長期的負面信念或限制性信念

• 你的信念決定你的行動，行動決定你的結果，而結果就是你的命運
所以要創造正向的循環

• 如果你渴望的夢想始終沒有發生

可能是你的潛意識根本不相信它會發生

• 想要成功，就要像成功者一樣思考

• 不要停留在渴望夢想，而是立志實踐夢想

如比爾．蓋茲說

「我從十歲起，就想像每個家庭都要有一台電腦

然後我就開始一系列的人生規劃」

• 命運都會給人機會

取決於你的心態是積極還是消極

• 有覺知才有翻轉的可能

• 榮格說

「你的潛意識
在操控你的人生
你稱之為命運」

・無論你相信什麼
只要你深信不疑
就會成真

・自我預言會成真
注意你說話是在創造光輝的未來，或糟糕的未來

・性格決定命運
覺察你的性格敗在哪一點致命傷
讓你活得如此不順利
是固執，還是自私，或是永遠學不到教訓

- 好的思想、言語、態度
  就能創造好的命運

- 怨氣少一點，怒氣少一點
  福氣就多一點，貴人就多一點

- 下定決心成為新的自己
  然後堅信那個重生的人，將脫離不幸和悲劇

- 不要因過去負面的經驗決定現在，而是根據光輝的未來
  否則你的生命只是一張重覆在放的破唱片

- 當你在說悲傷的故事、恐懼的故事、挫敗的故事、痛苦的故事
  請記住，那些故事不代表你這個人，不代表你這一生
  那些故事只是你生命的一部份，你大於這些故事

而且，那些故事只是往事
現在的你，可以創造新的故事

- 先天命盤格局不好的人，就要靠修行，一個人有修，就會轉運
什麼是修行？就是修正自己的行為

- 不要隨便去算命，大師級人物少之又少
而且人很容易受負面暗示

- 越慈悲越快樂
越寬容越豁達
越助人越富足
這些都可以讓自己好命

- 心寬念善福氣大

・成功者專注他們想得到的
失敗者專注他們害怕發生的

・哈佛做了一個長期研究
態度比聰明、能力更重要
百分之八十五的成功歸於態度

・想得到愛，不是費心尋找愛的人
而是成為心中有愛的人，自然會吸引人來愛你

・原諒很難
但不原諒，這一生都會陷在痛苦或憤恨裡
為了愛自己，還是選擇原諒吧
一旦如此，命運就會全然改觀

• 當你選擇原諒時，你還是改變不了過去已經發生的事
不過你卻已經在改變自己的未來了

• 來上成長團體的學員，都有很多故事要說
每一個故事都很冗長，而且悲劇性特強

• 改變命運最好的方法，就是放下你的舊故事
開始書寫新的、有選擇的、可以自我負責的故事
首先，你要放下賴以維生的悲劇故事

• 我們沒有辦法決定命運總該發生哪些事
但是我們可以賦予這些生命經驗一個不同的詮釋
就不會一直陷入受害者情結

• 也許命運無法設定

可設定的是我們的應對

• 如果你真心想要一件東西
全宇宙能量都會聯合起來幫助你
這是靈性法則

• 一般人都認為越成功越快樂
「正向心理學」卻認為越快樂越成功

• 再怎麼樣失敗、落魄的人
老天一定會讓你遇見一個貴人
只是看你有沒有把握，有沒有珍惜

• 生命的河流，本來是要把我們帶往寬闊的海洋
如果我們緊抱著一塊砸到腳的石頭

則永遠也到不了大海

•活了一〇三歲，一生豁達的攝影大師郎靜山說
「凡事都往好處想
你就有好日子過」

•一般人都很重視居家風水
可是卻忽略了心靈風水
你的思想、情緒所散發的磁場，就是心靈風水
這才是決定你人生的關鍵

•順境讓人享樂
逆境讓人長出力量
一切都剛剛好

・沒有對的環境
只有對的心境

・三毛說
「人的生命不在長短
而在是否痛快活過」
這句話已經預言了她的後來

・看一個人如何面對失敗
最容易看出他在未來有多大的機會成功

・即使你的本質是老鷹
但你以一隻小雞的樣子存在
你就永遠是小雞

・你需要「多做什麼」才能達成你的目標？

你需要「少做什麼」才能達成你的目標？
你需要「停止做什麼」才能達成你的目標？
你需要「開始」做什麼才能達成你的目標？

- 世界對待你的方式，決定於你對待世界的方式
  所以你要愛人或怨人
  祝福或詛咒
  欣賞或批判
  關懷或冷漠
  給出或計較
  都決定在自己

- 一個念頭的改變
  就會帶來生命的翻轉
  轉念的力量是驚人的

關於愛

愛，就是在別人的需要上
看到自己的慷慨
愛和善良可以傳染
祈禱的手很重要
對別人伸出援助的手也很重要

・人生的真諦是學習彼此相愛，任何形式的愛，除此無他

・常常問自己：
我全心全意活過嗎？愛過嗎？

・這世上有兩種人：
一個是毫不懼怕去傷害人
另一個是毫不懼怕的去愛人
你的毫不懼怕的力量，會用在哪裡？

・愛使我們突破個人的孤立與寂寞
愛使我們連結，愛創造了情感的交融
愛讓我們變得勇敢與高貴
愛為生命帶來了正向能量
我們為愛而活

• 「愛人的能力」值得一生的學習
這能力包含關懷、尊重、傾聽、同理、體諒、撫慰
以及支持、肯定、鼓勵、協助和寬恕

• 有人感傷沒有伴侶，有人感傷沒有子女，有人感傷沒有父母
其實，只要把我們心中的小愛放大
就可與天地相通、與人人相通，活得大器
那時你就會發現，處處皆有愛

• 愛有小愛和大愛
一般人小愛太濃，大愛太稀薄
鼓勵大家多做志工，或捐款幫助弱勢
可以培養我們的大愛情操
讓這個世界更美好

更有希望

• 大愛，就是慈悲
人沒有慈悲心，是無法感受出這個世界的苦難和傷痕究竟是什麼
而慈悲心是從同情心、同理心發展出來

• 一般人老把犧牲和奉獻放在一起
但我不喜歡犧牲
喜歡奉獻

• 宗教與愛是兩回事
宗教會搞對立，愛不會
愛，是全世界共同的宗教
最和平、安心的宗教

•愛，就是在別人的需要上
看到自己的慷慨

•為別人點一盞愛的燈，你的生命會更美麗豐盛
雖說付出不求回報，但宇宙的真理是，你一定會得到回報
因為你的心變得美麗，就會吸引美好的人事物來到生命裡
這就是吸引力法則

•正向心理學家 Seligman 說
「假如你想快樂一小時，就去睡個午覺
假如你想快樂一整天，就去釣魚
假如你想快樂一個月，就去結婚
假如你想快樂一整年，就需繼承一筆遺產
假如你想快樂一輩子，就去助人」

- 一件善事，一個義舉
改變了人生
這個世界每個地方，每個角落
都在發生這麼動人的故事
- 愛和善良可以傳染
- 少把注意力一直放在自己身上，就會快樂一點
如果還願意有慈悲心去助人，就會更快樂一點
- 祈禱的手很重要
對別人伸出援助的手也很重要
- 阿德勒說
「當我覺得對他人，對社會有貢獻時

我就會產生無比的勇氣
面對人生一切困難
也有勇氣不受他人評價影響」

- 每個人對這個世界都有影響力
別小看自己
就從做一件好事開始
持續做，堅持做

- 漂亮的、帥的人不一定好看
但好心腸的人一定好看

- 泰瑞莎修女說
愛的反面不是恨，是冷漠

・請善待每個人
因為每個人都在為生命奮鬥
值得疼惜

・朋友對我說
「有時活得痛苦，很想撒手離開人間，但最後還是放不下。」
我立刻握住她的手
讓她感覺人間還是有點溫度

・目前有越來越多的證據顯示
與關愛自己的人多多連結，能幫助我們的身心得到療癒
哈佛身心學院做了一項研究
證實受到同理心對待的住院病人比受到敷衍的病人
康復的速度快很多

・常被學生問到
「愛自己」和「自私」有甚麼區別
我總是不厭其煩的說明
愛自己是把自己照顧好
在身體、心靈、情緒上
把照顧自己視為自己的責任
讓自己活得健康喜悅

自私則是一種掠奪
是一種需索
要求別人滿足自己的期待
甚至不惜傷害或侵犯他人

鼓勵大家學習多愛自己

才能活出正能量

- 把愛慷慨分享出去的人
終究會得回豐盛的愛
這是宇宙法則

- 泰戈爾說
「樹葉有愛時，便會長出花朵」

- 愛要及時說
道歉要及時說
感謝要及時說
一切都要及時
一錯過，就可能永遠失去

• 人生的成就是甚麼
不是名利
是你愛人與被愛有多少

• 有朋之處即吾土
有愛之處即吾家

• 愛是不求回報
「愛人」的本身已得到滿足

• 生能徹底愛，死就無懼

• 讓你的存在
成為這世界的祝福

・泰戈爾〈用生命影響生命〉

「把自己活成一道光
因為你不知道
誰會藉著你的光
走出了黑暗

請保持心中的善良
因為你不知道
誰會藉著你的善
走出了絕望

請保持你心中的信仰
因為你不知道
誰會藉著你的信仰

走出了迷茫

請相信自己的力量
因為你不知道
誰會因為相信你
開始相信了自己」

・泰瑞莎修女說
「人們不講道理、思想謬誤、自我中心
不管怎樣，還是愛他們
如果你友善，人們會說你自私自利、別有用心
不管怎樣，還是要友善
如果你成功以後，身邊儘是假的朋友和真的敵人

不管怎樣，還是要成功

你所做的善事明天就會被遺忘
不管怎樣，還是要做善事

誠實與坦率使你容易受到欺騙和傷害
不管怎樣，還是要誠實與坦率

人都會同情弱者，卻只追隨贏家
不管怎樣，還是要為弱者奮鬥

你耗費數年所建設的可能毀於一旦
不管怎樣，還是要建設

如果你找到了平靜和幸福，人們可能會嫉妒你

不管怎樣，還是要幸福

人們確實需要幫助，然而如果你幫助他們，卻可能遭到攻擊

不管怎樣，還是要助人

將你所擁有最好的東西獻給世界，即便可能永遠都不夠

不管怎樣，還是要付出你最好的」

關於自我探索

重新認識自己
你會發現原來你以為的自己
不是全部的真貌

唯有認清楚自己
才能創造你想要的人生

• 人生最重要的事就是認識自己，唯有先認識自己，才能夠了解別人唯有知己知彼，才能建立良性互動的關係

• 認識自己有一個很重要的功課要學習，叫做自我探索，自我覺察。

現在請試著回答下列問題：

1. 你生命中的八大重要情緒感受：

a. 最快樂的事 b. 最悲傷的事 c. 最害怕的事 d. 最痛苦的事

e. 最挫敗的事 f. 最憤怒的事 g. 最羞愧的事 h. 最遺憾的事

2. 你怎麼看你自己（主觀我）？

3. 別人怎麼看你（客觀我）？

4. 你個性的盲點是什麼？

5. 每個人都有潛力，你的潛力在哪裡？

6. 你如何面對人生的失敗和挫折？

7. 你對你自己滿意嗎？如果不，你會如何改變？

8. 誰是你生命中最重要的人？你曾經設法維持或改善你們之間的關係嗎？

9. 談談你的家庭關係、人際關係、伴侶關係、親子關係

10. 你有沒有一個可以長期奮鬥的人生目標？你計畫如何完成？

11. 你覺得一個最有價值，最有意義、最快樂的生命該怎麼過？

12. 如果你的生命只剩下一年，你最想做什麼？

13. 對於你想做的事，是什麼原因，使你遲遲沒有行動？

14. 你怎麼克服你的拖延、立即行動？

15. 什麼才是人生最值得的事？

人生備忘錄

你這一生是不是常常事與願違
你這一生是不是常常陷入輪迴
幫助你幸福成功的十二條正向信念
信念決定你的命運

・幫助你幸福成功的十二條正向信念

1. 過去不等於未來

2. 沒有失敗，只有暫時停止成功

3. 上帝的延遲，並不是上帝的拒絕

4. 任何事情的發生，必有其目的並有助於我

5. 重要的不是發生了什麼事，而是該做什麼來改善它

6. 我對我的生命完全負責

7. 要讓事情改變，先讓自己改變；

要讓事情變得更好，先讓自己變得更好

8. 我愛我自己，我尊敬我自己

9. 成功者絕不放棄，放棄者絕不成功

10. 成功者願意做失敗者不願意做的事，所以他成功

11. 失敗者充滿藉口，成功者充滿動機

12. 天助自助者，人助自助者

大好文化 大好生活 12

自療書：人生最重要的事，就是完成自己的成長

作　　者｜楊依靜
出　　版｜大好文化企業社
榮譽發行人｜胡邦崐、林玉釵
發行人暨總編輯｜胡芳芳
總 經 理｜張榮偉
駐 英 代 表｜張容、張瑋
主　　編｜文應琳
編　　輯｜呂綺環、張小春、林鴻讀
封面設計、美術主編｜陳文德
客 戶 服 務｜張凱特
通 訊 地 址｜111046臺北市士林區磺溪街88巷5號三樓
讀者服務信箱｜fonda168@gmail.com
郵政劃撥｜帳號：50371148　戶名：大好文化企業社
版面編排｜唯翔工作室 (02)2312-2451
法律顧問｜芃福法律事務所 魯惠良律師
印　　刷｜成偉印刷公司 0936067471
總 經 銷｜大和書報圖書股份有限公司 (02)8990-2588

ISBN 978-626-95832-5-6
出版日期｜2023年12月14日初版
定　　價｜新台幣320元

國家圖書館出版品預行編目資料

自療書：人生最重要的事，就是完成自己的成長／楊依靜著. -- 初版. -- 臺北市：大好文化, 2023.12
240面；14.8×21公分. --（大好生活；12）
ISBN 978-626-95832-5-6（平裝）
1.CST：人生哲學 2.CST：生活指導
191.9　　111008870